나들가게

백인숙 시집

도서출판 도훈

공감시인선 66
나들가게

지은이_ 백인숙

발행인_ 이도훈
편　집_ 유수진
교　정_ 김미애
펴낸곳_ 도서출판 도훈
초판발행_ 2024년 7월 12일

사무실_ 서울시 서초구 법원로3길 19, 2층 w109호
(서초동, 양지원빌딩)
전　화_ 02-595-4621
팩　스_ 050-4227-4621
이메일_ flyhun9@naver.com
홈페이지_ www.dohun.kr

ISBN_979-11-92346-81-6 03810
정 가_ 14,000원

《여운과 훈김》

폴폴 날리는 먼지를 뒤집어쓰고
버스의 꽁무니를 쫓아가던 아이
학교에서 돌아와 엄마의 얼굴이 보이지 않을 때
'엄마는 어디 갔을까?' 불안해하던 아이
아버지가 두 발로 잦던 자전거 뒤에 앉아
떨어질까 노심초사 손에 땀을 쥐던 아이

먼~ 길을 돌고 돌아
그때 어머니 아버지의 나이를 훌쩍 넘겨버린 지금
세월의 때가 묻은 언어로
나들가게의 문을 연다

2024년 초여름에

백 인 숙

차례

1부

2부

3부

4부

1부

정겨운 나들가게

정겨운 나들가게

안채 곁에 달아낸 허름한 건물
세 평도 안 되는 좁은 공간에
탁자 하나 의자 몇 개, 뒷방 한 칸
벽면엔 고무장갑이며 과자, 꽁치통조림, 잡화가 옹기종기
이른 오전
좁은 방 입구에는 벌써 신발이 서너 켤레
하루 중 어김없이 들락거리는 단골손님은
육십 평짜리 코아루 사는 홀아비
아침마다 등산을 하고는
꼭 그 가게 문지방을 넘는다
마음씨 좋고, 솜씨 좋아 보이는 쥔장 아지매
어서 오이소, 오늘은 날이 좀 춥지에
아이고 춥기는, 여기만 들어서믄 살살 녹는데…
막걸리 한 사발에 오뎅탕, 김치찌개
나라 살림살이며 동네 대소사 걱정까지
이야기꽃 속에 한나절이 무르익네

무쇠솥에 삶아놓은 고구마 몰래 덜어먹던 그때
사람 냄새가 물씬
정겨운 나들가게

하루의 개점

길쭉하게 내리벋은 동네의 변두리
공원에는 싸늘한 공기가 귓불을 스친다
나들가게 안에는
오동통한 주인 아지매 하품을 하며 앞치마를 입고 나와
하루의 먹거리를 준비한다

아침나절
벌써 순동은
털모자를 덮어쓰고 기침起寢하기가 바쁘게 가게 문을 두드린다
뭐 먹을 게 있다고?
안부인사다. 밤새 안녕하신지…

가겟방에서는 흑돼지 김치찌개가 보글보글
삼삼오오 식전 막걸리가 한 순배 돌고
냉해 입은 과일 작황이 좋지 않아 술맛이 쓰다
명년에는 괜찮아야 할 건데, 숨 고르는 넋두리다
한숨은 입김처럼 일었다가는 사라지고

막걸리만 줄을 잇는다
목젖이 무슨 죄가 있다고?

나들가게의 아침은
입술과 넋두리가
찌개와 막걸리가
개점을 한다

마음은 콩밭에

순동은 늦잠에서 겨우 눈을 떴다
어느새 해는 중천을 향하고 있으니
화들짝 놀라 이불을 걷어찼다
바지 주머니에 손을 넣고 살괭이 걸음으로 나와
나들가게로 향한다
눈곱도 떨어지지 않은 채

'어째 오늘은 늦잠을 잤네'
'밤새 무얼 했을까?'
하룻밤에 색시를 대여섯 명이나 얻었다 갈았다

가게 주인 과수댁은
오뎅탕을 끓이느라 한창이다
누렁이는 살살 눈치를 보며 오뎅 하나를 훔쳐 물고 밖으로 나가고
그 댁은 순동을 보자
눈길은 그곳으로 향하고 있다
오뎅은 불어터지는데도

어쩌끄나?

오뎅 저 혼자 냄비 속에서 홀홀불락인데

눈길

하늘이 희끄무레하고 을씨년스러워진다
가게 앞을 지나다니는 건 형체 없이 스치는 바람뿐

부녀회장은 오늘따라 바쁘다. 회원들에게 미역이며 김 다시마를 팔아야 하는데 문자를 던져 봤지만 아무도 반응이 없자 나들가게로 달려왔다

동상!

가게에 오는 사람들 미역이랑 다시마 좀 사라 카지?

내가 오늘 올매나 바뿐데 그카요?

뭐가 그리 바쁜지 원!

못마땅한 부녀회장 삑 토라진다

아, 동상이 안 도와주면 누가 도와준다꼬?

저야 도와드리고 싶지만 가게에 손님이 오면 뭐 사라꼬 카면 좋겠냐구요?

그러니께 살살 구슬려야지

알았어요, 회장님이 애를 쓰시는데 도와드려야지

한참을 지나자 순동은 건계정 산책을 갔다가

슬금슬금 가게로 들어온다

어이, 과수댁 누님 잘 잤는가?

잘 잤지 그럼 못 잤을까? 별걸 다 물어쌌네 오늘은 일찍 일어났나 보네

그럼 언제는 내가 늦게 일어났나?

아이고, 게을러빠진 남정네 하고는… 그나저나 순동아 미역이랑 다시마 좀 사시구려

내가 그걸 어따 쓰게?

어따 쓰긴? 씰데 없으마 나를 주든지…

과수댁을? 아~ 낳았는감?

내사 아~ 낳은 지 오래됐지

하하, 그래 되는구만 한 봉지 줘 봐요

그건 그렇고, 니 누님보고 과수댁이 머꼬? 참~ 얌통머리없네

말할 걸 그랬지-

황금돼지 해가 된 지 며칠 되지도 않은 것 같은데

벌써 2월하고도 중순이 지나가고 있다

세월이 가는지 오는지

가만 있는데 간다고 느끼는 건지

분간할 수가 없다

어쨌든 주름살은 늘어나고 은퇴도 하고 기억력은 쇠퇴하고

세월과 비례를 하는 거 보니 흘러가는 게 맞긴 맞나 보다

과수댁은 갑자기 조급증이 난다. 무슨 일일까?

속절없이 흐르는 시간에 대한 아쉬움일까?

돈을 더 벌었으면 하는 마음인지

좀 더 적극적인 애정을 표현하지 못한 답답함일까?

팔짱을 낀 채 멀거니 일렁이는 강물에 동공이 멈추어 있는데

혼자서 마실 나갔다가 돌아온 누렁이는

불만이 있는지, 화풀이를 하는 건지

자꾸 밖을 보고 짖어댄다

아무것도 없는데 냄새도 나지 않는데…

조금 있으니 같은 종의 수캐 한 마리가 어슬렁거리며 나타났다

둘이 연애를 하는지, 암캐의 달거리 냄새가 멀리서도 났는지

서로 꼬리 물기를 하며 킁킁댄다

얼씨구! 좋을씨구!

'저럴 때가 다~ 있었지' 과수댁은 추억담을 소환해 본다

그러다가 이내 현실로

순동은 무엇을 하는지 오늘은 코빼기도 보이지 않는다

설을 쇤 지도 열흘이 넘었는데 많이 바쁜지…

느닷없이 궁금해진다

엇갈리는 반전

일 년 이십사절기 중 세 번째 경칩驚蟄
겨울잠을 자는 동물들이 기지개를 켠다
사람들은 고로쇠 물에 나물집을 찾아
삼삼오오 몰려 다닌다

저녁나절 가게로 걸음을 옮겼는데 전등은 꺼져있다
웬일일까? 무슨 일이 있는 건 아니겠지?
순동은 하루 내 딴전을 피우다가 어둑발이 들자
출입문을 열었지만 요지부동이다
'에이, 일부러 인자 왔구먼 오데로 갔담?'
고로쇠 물을 한 통 들고 투덜거리며
행여나 과수댁이 올까 이리저리 서성댄다
어이, 순동이 그게 뭐 하는감?
이웃집 형님은 흘낏 순동을 보고는 뒷짐을 지고 '에헴' 하면서 지나친다
'아이고 이 여편네 참, 쯔쯧'
순동은 그만 죄 지은 사람처럼 얼굴이 붉그락 푸르락
그러다가 그 물을 문 앞에 놓아두고 가 버린다

다정히 앉아 물도 마시고

은행도 같이 구워 먹으면서 알콩달콩 사랑을 확인하려고 했더니만

오늘은 다 글렀네

순동은 컴컴한 방 안에서 멍하니 잠이 오질 않아

천장만 바라보고 누워 이 생각 저 생각이 머릿속을 헤집고 다닌다

썸타는 아침

고목에는 연한 풀빛의 움이 비집고 나온다
순동의 마음에도 연정이 싹튼다
외로운 사람은 밤을 기다린다고
까만 밤이면 시커멓게 탄 가슴도 보이질 않으니까
밤새도록 제일 무거운 눈꺼풀 한번 닫아보질 못했다
날이 밝기 바쁘게 뛰쳐나와
우쭐우쭐 호주머니에 손을 찌르고
가게 안으로 발을 들여놓는다
막걸리가 있나? 한 병 주소
아침부터 웬 막걸리? 있긴 하지만
지난밤 잠을 설쳤더니 술이 땡기네
잠을 왜 설쳤을꼬?
마음에 품은 연정이 가슴을 짓누르는 바람에 하도 아파…
에고… 이를 어째 그래 잠 설치게 하는 그 님이 누굴꼬?
아이고! 알 거 없어, 알면 붙여주게?
그럴 수도 있지 뭐

개결한 과수댁이 있는데 내가 좋아하는 걸 아는 것도 같고 모르는 것도 같아

누군데 그럼 찔러 보던가?

순동은 막걸리 한 병을 단숨에 들이킨다

어~~ 속 시원하다 으흠…

나가 어떻게 보이요?

뭘 어떻게 보여? 주변머리 없게스리, 그럼 그 과수댁이 나? 복장 터져… 어여 나가 소금 뿌리기 전에… 초장부텀

순동은 혼비백산 가게 문지방을 넘어 줄행랑을 친다

시나브로 꽃 피우다

봄에게 밀려가는 추위가 억지를 내고 있나

동장군은 물러서기가 아쉬운가 보다

밭 뜰에 핀 과실수 꽃들은 늦은 한파에 제 구실을 할지 걱정이다

순동은 굴삭기로 어느 집 논배미를 합병하는 일을 하다 말고 새참 시간이라 가게로 와서 문을 벌컥 열었다

깜짝이야!

과수댁은 인기척 없이 문을 열어젖히는 순동이 버르장머리 없어 보였다

문 좀 살살 열지… 호래이를 잡아 묵었나? 원! 가자미 눈을 하고는 바라본다.

니 뭐 하다 오는 길이고?

논바닥에 일하다 오는 길 아잉기요. 내가 궁금은 하요?

마침 과수댁은 시래기국을 끓이던 참이었다. 속마음을 너스레로 감추며

거 앉아라 흠~, 봄답지 않게 날도 추운데 발길 잘했네. 어여 와서 따시게 한 그릇 묵고 가. 국이 맛있게 끓여졌네

순동은 국에다 밥을 한 술 놓아 후루룩 퍼 먹고는

아이고 잘 묵었소. 나도 이런 마누래 있으면 얼매나 좋겠노?

손을 털털 털면서 한마디 던지고는 낯부끄러운 듯 얼른 나가 버렸다

찌랄 내가 이 나이에 남정네 뒤치다꺼리하게 생겼나 꿈 깨라

과수댁은 전혀 마음 동하지 않은 척 구시렁댄다

그래 숫총각인지 장가는 한 번 들어야 할 낀데…

한편,

경로당에는 노인들이 둘러앉아 이야기꽃을 피운다

뒷집에 사는 명동댁은 아파서 병원에 가고

용동댁은 서울 아들네 집에 다니러 가고

본동댁은 며느리랑 한바탕했다네 하면서

에이고 나이 들면 노인이 좀 누그러져야지 며느리 이겨서 뭐 할라꼬

그래야 집구석이 편치…

人情인정

아이고! 꽃 따야 되제, 못자리 해야 되제, 하루해가 짜르네. 아지매 와 이리 바뿌요 눈코 뜰 새가 없네

새참꺼리 주까 놉했나?

야! 주소, 인자 철이 철이니 만큼 마음부텀 바쁘네

농사철 되이 없는 나도 덩달아 분주하네. 정식이 아부지 놉을 얼매나 했노?

사과 꽃 솎는다꼬 열 명이나 안 했능기요

그래 인자 분주할 때 됐다

늙으이 젊으이 할 것 없이 근그이(근근이) 모았어요. 일할 만한 사람이 없어요

농사철에는 송장도 일어나서 일을 한다카는데 그케오데, 사람 구하기가 쉬워야지요

요새는 농사일만 하는 기 아이라 공장이 하나씩 생깅께로

그리 일하러 다니는 사람이 있다 보이 일손이 더 딸리요. 아지매 국시 두 뭉티마 주이소, 올 놉이 많애서 큰거 두 뭉티는 해야 되겠소

날도 따뜻할 때가 됐는데 비만 오고 썰렁하니 그렇네

마이 파소. 요새는 요게도 손님이 많겠구만

아이고 하늘이 도와야 될 낀데 이상기온인지…

아 참, 막걸리도 좀 주이소 한 박스. 그런데 순동이 요새 안 보이네. 오데 갔는기요?

오데, 엊저녁에도 왔다 갔어. 와 무슨 일 있나?

아, 그렇능기요? 아니 요새 안 보이길래 본 지가 오래 돼서

그걸 나한테 물어마 오짜노? 지도 바뿌겠지 뭐…

과수띠기 머 하노? 맛있는 냄새 나네

용동 아지매 어서 오이소

요새는 어째 지내는고? 본 지가 오래됐네

지는 잘 있심더

그래, 나이가 든께로 인자 건강 빼끼 신경 안 씬~다. 찌개 낄이나?

꽁치 간수메 넣어서 김치찌개 끓이요. 막걸리 안주 할라꼬예

나 찌개 한 숟갈 떠도 되까?

되다마다요, 건강은 괜찮지예?

아이고 팔다리 쑤시고 오도독 삐도 소리가 나고 늙은 이가 성한 데가 있겠나?

그래도 그만하면 건강하신기라예 그 연세에…

인자 갈 데 한 군데 딱 있다

오데를 가신다꼬? 한참 사실 나인데. 찌개 다 끓었는데 쪼매 드시이소

손들 오마 술안주 해야 될 낀데 아심찮이 나 묵을 끼 있나?

마이 끓있심더. 밥 한술 하고 고마 점심 때우이소

그라마 그라까 고맙구로…

관심끌기

휴~~ 비가 잘 오네. 올은 모두 한숨 돌리고 쉬어야겠구마

이장님, 모도 심어야 되고, 폴폴 날리는 문지도, 송화가루도 씻기야 하제요 도무지 미세먼지인지 송홧가루인지 분간이 안 가네

여사장, 비 오는데 머 하능고? 먼 데서 손이 왔다. 요새 바쁜데 알바생 하나 안 쓸 끼가?

아이고 이장님, 구멍가게에 무신 알바생을 써요? 혼자 해도 할랑한데…

그라지 말고 좀 써주지. 집안 조칸데 시골이 좋다꼬 서울서 내리왔어. 그란데 혼자 놀기는 심심하고 하니께 용돈이라도 좀 벌었으마 해서 이리로 델꼬 왔네

여게는 그렇고 내가 아는 데가 있어야지…

그라마 좀 구해 보든가

알바 쓰기는 어중간한데… 얼굴도 반반한 기 날씬하니 이뿌네. 이름이 뭐꼬?

영심이라고 해요. 잘 부탁합니다

이장님, 그람 많이는 몬 주요. 잔심부름이나 하고 내

가 장 보러 가고 하마 좀 봐주라 하이소

그래그래 고마우이. 그람 영심아 여기 사장님 말 잘 듣고 싹싹하게 하거라이

예, 감사합니다. 열심히 하겠습니다

아따 영심이 취직 잘 시킸네. 한시름 놨다. 오짜꼬 싶었는데… 여사장 고맙네. 은혜는 두고 갚음세

이장님 동네일 보시느라 수고 많으신데요 뭘

그럼 수고하시게

어여 와 정식이 아베. 순동이 총각도 같이 왔네. 요새 바쁠 낀데 오째 지내는고 모르겄다

와 아이라요. 데이트도 하고 해야 되는데 통 시간을 낼 수가 없네요

데이트 할 사람은 있고?

그야 시간만 내믄 줄 서 있어요

그렇구마 언제부텀 그렇게 됐을꼬? 배 아플라 카네

사촌이 논 샀어요? 배가 와 아푸요?

모르겄다. 논을 샀는지 밭을 샀는지

막걸리나 한 빙 주소 안주 맛있는 거 하고

막걸리 여기 있습니다. 안녕하세요?

아니 이게 누구여. 언제 종업원까지 뒀다요?

인사해여 서울에 염증도 나고 공기 좋은 예까지 취직하러 온 아가씨여

어허, 누님 횡재했구마. 이뿌고 섹시하구만

섹시가 뭐여, 말조심 안 하면 오째 되는 줄 알제? 미툰가 뭔가 까딱 잘못하면 걸리드는 판에

아따 아지매 유식하네 미투도 알고

정식 아베 내가 막걸리 팔고 있다꼬 그것도 모를 줄 알았남? 깐죽거리지 말고 예의 좀 지키셔 모두…

소 잃고 외양간 고치랴

빌어 처묵기 늦었다. 송장도 일나서 일하는 판에 머선 짓거리고?

와카요 도평 아지매, 머선 일 났능기요?

아요, 오데 가서 인터넷인가 쫌 배우디만 눈만 치키뜨마 컴퓨터 키고 그 지랄이네. 속 천불나서 몬 살겄다

아이고 요새도 그런가베 아지매?

일은 뒷전이라. 늦게 배운 도둑질 날 새는 줄 모른다 카디 앉았다 카마 밥 묵을 생각도 안 한다

요전에는 쫌 낫다 카디마는…

내가 머선 팔자를 타고나서 저런 인간을 만났는지 원?

인자 그만둘 나이도 됐건만, 아지매 갱찰서 신고해 뿌리소 마

그라까? 저니리 인간은 빵에 들어가 봐야 정신을 차릴랑가? 여보시오, 파출소지요? 우리 동네에 노름하는 데가 있소. 쫌 댕기 가이소 팍 때리엎어 뿌리든가

아~ 예, 어르신 어디로 가면 될까요?

개천 구례마을이요. 마 웃담 경로당 앞으로 오이소.

나가 있을 테니께

들어가입시다. 김 순경 가자

오뎁니까?

따라 오이소… 이 집이요

계세요? 파출소에서 나왔는데요

머라꼬? 오데서 왔다꼬?

실례지만, 도박한다꼬 신고가…

황소 하품하는 소리 하고 자빠졌네. 고마 가소. 내가 무슨 도박을 한다꼬. 심심해서 컴푸터 좀 했디만

아, 예. 그렇습니까? 지들도 바쁜데 신고 접수가 됐길래 왔구만요

에레끼 순~~!

어르신, 심심풀이로 하시겠지만, 농사철이고 바쁘실 낀데… 그것도 자꾸 하면 도박으로 걸릴 수도 있어요.

아이구, 예펜네 창피시럽다. 다리 몽생이 작신 뿐질라 그만. 어서 가소, 들에 나갈라요

예, 알겠습니다. 그럼 이만 실례하겠습니다.

아지매, 일단 인터넷으로 혼자서 하시는 거라… 당부 말씀은 드려놨습니다

군에서 돈 딜이가미 인터넷인가 갈차준다 카디 노름이나 하고, 야동이나 보고 차암~

그러게요, 게임을 하든, 야동을 보든, 생활에 지장을 주만 문젠데

김 순경, 힘들게 살아오셨는데 일 더 커지기 전에 우리가 관심을 좀 가지고 보자고

지발… 만니리 영감탱이 다 늙어서 머선일고?

돌다리도 두드려 보고

사장님 안녕하세요? 바쁜갑네

아이고, 경찰이 어째 여게까지 왔으꼬?

혹시 여기 영심이란 아가씨 있지요?

읍내 심바람 보냈는데 와 그카요?

그 아가씨 온 지 얼매나 됐어요. 서너 달 됐나?

그 정도 됐을 끼라. 이장님이 심심해한다꼬 데불고 왔습디더

아~~ 그래요. 그람 이장님한테 가서 물어보까?

이장님, 영심이란 아가씨 이장님하고 머 돼요?

집안에 먼 조카 되는데 가~는 오째 알고?

혹시 머 이상한 거 없던가요?

벌로 봐서 당최 모르겠는데…

다른 기 아이고 서울 경찰청 마약단속반에서 연락이 와서 조사를 좀 해야 되겠는데요

머, 머라카노 마약이라꼬?

놀래지 말고 그냥 알고만 계세요. 아가씨 오면 인적 사항이랑 파악해서 보고를 해야 되니까

아이고 머선 일이고. 그라마 영심이가 마약하다 피신해서 이까지 왔단 말이가?

뭐 저희들도 잘은 모르겠지만, 청에서 연락이 왔길래…

오데서 귀신 씻나락 까묵는 소리고? 그람 나도 잡히가는 거 아이가?

일단 오마 연락 좀 해주이소. 정확한 건 아무것도 없어요

영심아 니 큰일 났다. 빨리 들어 오이라

아저씨 무슨 일 있어요? 숨넘어가겠어요

다른 기 아이고 아까 경찰이 와서 너 좀 보자꼬 카더라. 오째 알고 왔는지

그래서 뭐라고 했습니까?

가게 일하로 갔다 캤지. 니 머선 일 있어서 이리 내리왔나?

아닙니다. 일은 무슨 일… 걱정하지 마세요 아저씨

그래 그렇지만 경찰이 오이 겁나네. 일단 연락을 해

도라 카이 전화는 해야겄제?

여보시오. 영심이 왔는데요

경찰서로 같이 좀 갑시다. 쪼께 물어볼끼 있어서

아가씨, 삼 개월 전쯤에 오데 좋은 데 댕기왔소?

예, 홍콩 다녀왔어요. 그런데 왜 그러시죠?

오늘이 제일 젊은 날

버스는 안 기사가 최고지 그럼. 여자들한테 인기 최고다. 인물 좋제 노래 잘하제 매너 좋제 쥑인다

마 안 기사 불러라

그라마 전화해 보께

여보세요, 안 기사 양반

아, 예 부녀회장님 오랜만입니다.

우리 동네 6월 넷째 토요일에 나들이 갈 낀데 예약 되것소?

아이고 누구 명령인데 안 되겠어요 그날 빼놓겠습니다.

그래, 고맙구먼 장소랑 알려줄 테닝께 시간 정해 보소. 우리가 아무리 바쁘지만 또 콧구멍에 바람 좀 쐬야 안 되겠소

두말하면 잔소리지요. 당근 그래야지요

이장님 안 기사한테 통보했어요. 된다고 합디다

그래요, 잘 됐네요. 그럼 사람들이 많이 갈 수 있도록 해 봅시다

예 이장님, 그리 하입시다

아, 아, 알립니다. 동민 여러분 안녕하십니까? 이 달 넷째 토요일에 통영 바닷가로 나들이를 가기로 정했습니다. 동민 여러분께서는 한 분도 빠짐없이 가실 수 있도록 준비단디~ 하시기 바랍니다. 농사철이긴 하지만 바쁜 중에도 밧데리 충전을 해서 또 열심히 하면 되지 않겠습니까?

아이고 이장님, 집집이 가 본께로 한 삼사십 명은 되겠어요.

그람 버스 한 대 딱 됐네.아침 8시에 출발하도록 하고, 먹을 거는 회장님이 알아서 하이소

그라지예, 부녀회에서 하면 돼요. 떡, 돼지머리, 수박, 안주꺼리, 술 기타

자, 출발하겠습니다.

안 기사 양반, 통영 잘 아요? 소개 좀 해 보소

통영은 소설가 박경리, 시인 김춘수 문학관, 동피랑, 서피랑, 해저터널, 세병관 등 볼거리가 많고 무엇보다 바

다가 있어서 경치가 아름답고 싱싱한 회가 있고, 가보면 알 겁니다. 모든 것 이자뿌고 재미있게 노래도 하시고 즐겁게 다녀오셨으면 좋겠네요. 소주도 한 잔씩 하시고, 안기사가 잘 모시도록 하겠습니다

아이쿠 큰일이네 잽혔다. 경찰이다 경찰 우짜노?

차암, 기사님 요새도 버스에서 굴리고 막춤으로 허허~ 큰일이네?

어짭니까? 모처럼 나왔는데 그냥 가기도 밋밋하고 한 분마 봐 주이소

요새는 단속이 심한 기간이라 우리도 어쩔 수가 없네요

딱지 끊겼네, 십사만 원짜리. 할 수 없지

기사님, 미안해서 어째유~~~ 우리가 내 디리께요 벌금

하루가 저물어 가는데 시간 아깝다. 빨리 놀아뿌이소

그래도 되겠어요?

에이, 이왕 걸린 거 또 놀아 보이소 괜찮습니다

오늘은 가면 오지 않아요. 발바닥에 땀나도록 노이소

오나가나 위기다

야야, 숙아 너 살 좀 빼마 안 좋겠나? 인자 나(나이)도 차서 결혼도 해야 할 낀데 띵띠무리 해서 총각들 도망가 것다

나도 생각하고 있다고~ 왜 그래 또 자존감 뭉갠다

눈만 뜨마 먹을 거 찾고 그래서 살이 빠지것나 안 그렇나 가시나야

나 살찌는 데 보태준 거 있나, 엄마는 뻑 하면 살 이야기고?

따박따박 말대꾸는? 내가 이때끔 보탰지 그라마 뺏었나

그라마 엄마 책임이네. 내가 나가든지 해야지 한 집 구석에서 몬 살것다. 휴일만 되마 잔소리 귀에 따까리 앉것다. 아파트 한 채 사서 나가야것다

돈 있으마 그래라 나도 그기 소원이다

알았어. 나도 엄마랑 한 지붕 아래 있기 싫다

지발하고~~

여보세요, 우정부동산이지요? 요새 아파트 매물 있

습니까?

있지요 몇 평짜리 찾소?

서른 평이나 스물다섯 평이나 뭐 그런 거 있어요?

있기는 있어요. 와 볼라요?

당장 갈께요. .

아따, 날라왔나? 빨리도 왔네. 코아루는 스물다섯 평이고, 푸르지오는 서른 평이 있는데

입맛대로 하이소 다 좋은데요

가격은 얼매나 해요?

평당 육, 칠백 잡아야 돼요

돈이 쪼깨 모지라는데 대출을 해야 하나 머리 아프네. 소장님 요새 아파트 마이 내랐다 카던데 와 이리 비싸요?

아이구 아가씨 인구는 안 늘어도 집값은 오르마 올랐지 안 내리요. 참 큰일이구만, 인구가 불어야 지방이 살낀데 걱정이네. 아가씨도 빨리 결혼해서 아 마이 낳고 인구 쫌 늘리보소 큰일이다.

인구 늘리는 거랑 나랑 무슨 상관인데예? 혼자 살기

도 힘들구만

이대로 가다간 30년 후면 우리 같은 군 지역이 40%나 없어진다요. 젊은 인구가 있어야 살맛이 날 낀데

와~ 오늘 모두 나한테 난리네. 오나가나 동네북도 아이고 참~

보소, 흘리들을 끼 아이라 심각하요. 지자체가 파산하면 국가가 책임을 져야 하는데 국가는 무슨 힘이 있겄소? 국가도 파산하기는 마찬가지지

촌에 젊은 사람들이 할 일이 있어야지. 일자리도 없고, 농사 지어봐야 먹고 살기도 힘들고, 최저 임금인가 그것도 올라서 알바 자리도 없고 젊은이들도 죽을 지경이라요.

낸들 걱정만이지 대책도 없소 사실은 그냥 푸념이지…

소장님, 듣고 보이 답답하네요. 계란으로 바위 치는 것도 아이고…

상호존중

부녀회장님, 낼 시어머이 생신이가 식구들 오겟네?

예, 맞아요. 날도 덥고 식당 가서 한 술 뜨고 올라요. 요새 누가 집에서 합디까?

그래 맞다. 누구나 마찬가지다. 넘이 해 주는 밥이 젤 맛있다 안 카더나?

쎄 빠지기 해봐야 맛이 있는지 없는지 알아주지도 않고 돈 쫌 쓰는 기 백번 낫지

아요, 인자 딸네 집이나 다른 집에서 생신상 차리라 카지 맨날 회장님 집에 모이노?

그러게요. 내가 젤 만만한가 보요. 솔직히 쫌 지업을라 카네. 봉도 아이고…

저세상 갈 때 애묵었다꼬 천당이나 보내 줄랑가 아나?

장모님, 건강하이소, 오래 사시는 것도 좋지만 건강이 최고라요

당신은 장모님 건강하라 카지 말고 담배 좀 끊어라. 당신은 오째 맨날 줄담배고? 한 시간이 멀다 하고 들락

날락 또 꾸로 나간다.

아이고 야야, 담배 못 피와 스트레스 받아 일찍 죽으나 담배 피다 죽으나 매한가지다

누야 냅도라. 마누라 잔소리 귀 따갑다 안 카나?

처남아 여자들은 나 들마 남성호르몬이 많애지서 쎄진다 카데

차암 당신도 모르는 소리, 호르몬이 문제가 아이라 철없는 남의 편 델꼬 살다 보이 터득이 돼서 안 그렇나. 남성호르몬이 뭐? 폐경 오고 하이 여성호르몬이 줄어 드는 기지. 그라마 남자들은 여성호르몬이 많애 지서 보드라바지야 안 되나?

크크 언니야, 보드랍기는 커녕 찔기서 못쓴다. 질기도 고무과자라 카마 달기나 하지. 껌딱지가 돼 가지고 비 오는 날 찰싹 들러붙은 낙엽 같애. 빗자루로 씰어도 안 떨어져

몬 고친다. 콧구멍이 두 개라 숨을 쉬지. 어린아도 한 번만 말하면 알아듣는데 평생을 닦달해도 저러니 원

세 살 적 버릇 여든 간다꼬 그 말이 괜스레 나왔깐

디?

남자들은 나(나이) 들마 여자 말을 잘 들어야지 안 그라마 졸혼 당하요. 이외수 보소 늘그막에~~

맞다. 남자 나부랭이라고 이기 묵을라꼬 캐 봐야 자기만 섧지, 노숙자 신세 못 면한다

아이고 남자들 오늘 죽사발 당하네. 불쌍하다

비가 오나 눈이 오나 직장 나가서 스트레스 받아 가미 벌어다 처자식 믹이 살린다꼬 꾸역꾸역 댕겼는데 끈 다 떨어지고 은퇴하이 구박덩어리네

그 월급 이리 쪼개고 저리 쪼개고 살림 늘이고 아들 키우고 한기 누고?

누가 그랬노? 여보야

내사 마, 1인 5역까지 하고 살았다 카이

어휴, 알았다 알았어 참~ 백수 생활에 대접 받을라 카마 어쨌든가 규칙인가 그런 기 있다

읊어보소 남편님~

서로 자존감 떨어지는 말 하지 말고 남에게 예의 차리듯이 마누라 존중하기, 화 내고 짜증 내기보다는 터놓

고 대화하기, 고래도 춤추는 칭찬도 하고

언니야 또 있다카이. 삼식이 같이 하루 세 끼 받아서 만 먹지 말고 마누라한테 좀 해 주마 좋지 않겠나?

종일 삼시 세끼 챙기 묵고 간식까지 챙겨묵는 나쁜 놈도 있다카데. 그걸 머라 카디? 종간나 새끼 아이가?

크크크 그래, 우리나라가 오짜다가 황혼이혼율 1위가 됐노 말이다. 이십 년 이상씩 살 부비고 살아온 가족인데 서로가 상채기만 남기고 만신창이가 되어서야 헤어지는 것 아니겠어요? 조금만 더 일찍 눈을 떴더라면… 후회는 아무리 빨라도 늦다. 자식들은 다 지 짝 찾아 떠나고 차마 자식 버리고 갈 수가 없어 발목 잡혀 있었는데 여생이나마 편하게 살고 싶다는 선택이겠죠

그렇께 말이다. 선택, 언감생심 선택이라고 해 봤나. 더 늦기 전에

자립심을 키우자

와 이리 덥노? 여름이 성큼 다가서네. 벌쌔로

덥은기요 누님~

가을이 오기까지 석 달 가까이를 오째 전디꼬? 가게 앞에 물이나 좀 뿌리고 있자

그건 그렇고 누님, 심심찮이 요새 좋은 일 없능기요?

순동아, 너 할 일 없나? 덥어서 일도 없는가베. 물비락 맞지 말고 저리 가거라. 워이~

에이, 카지 말고 막걸리나 한 잔 주소. 둘이 술잔이나 기울이 봅시다. 모처럼…

가라캉께.넘들 숭하는 거 모르는 가베?

오래간만에 와카요? 뭐 기분 나쁜 일 있능기요?

아이고, 답답해서 안 그렇나? 자슥 하나 있는 거 결혼 시킬라 카이 속상하네

며느리 보고 좋겠구마. 빨리 보내고 나하고 살마 되겄네

뭐라, 귀신 씻나락 까묵는 소리 고마하고 저리 비키라

차암, 이바구 해 보소. 무슨 내용인지 들어나 봅시다. 자 막걸리 한 잔 함시롱

그래, 넋두리 해 보께. 이바구 벌로 몬 한다. 하도 말이 많애서… 아들 딸랑 하나 있는 거 둘이 연애를 및 년해 가지고 결혼을 안 시킬 수도 없고, 내가 모아논 돈이 쪼매 있는데 집을 사 주자니 대출 내야 되고, 전세로 살다가 사라캉께 둘이 먼~ 작당을 했는고 꼭 사서 가야 된다꼬 우기네. 지는 벌어 논 돈도 없으민서… 너 눈물로 울리는 웨딩마치라고 들어봤나? 자슥이 집 사 돌라 카마 살던 집 잽히서 사 주고 그 돈 갚을라 카마 부모는 어째 되것노? 안 사주자니 맘이 안 핀하고 어째야 좋을지….

그래요? 누님 그라마 이렇게 합시다. 내가 모아 논 돈이 쬐끔 있는데 나한테 빌린다 카고 아들 이름으로 차용증 쓰고 월급 받아 되는 대로 갚으라 카마 안 되것소? 내 끼 누야 끼고 누야 끼 내 꺼 아이요?

야가 야가 머라카노? 참, 능청스럽기는…?????

내 혼자 손에 쓸 데가 어데 있다꼬? 내 이자는 안 받으꾸마. 그래 하소 마.

(누님 인자 나한테 낚이기 생깄네 크 크 크)

끙, 아심찮네. 자슥이랑 상의해 보고 연락 주꾸마

그라고 자슥들 너무 오냐오냐하마 베린다. 월급 받아서 빚 갚는 재미도 봐야 사는 맛을 알지. 부모가 다 해 주마 저거는 뭐 할 낀데? 적당히 하소. 저거도 자립심이라 카는 기 있어야지

그거야 맞지만 워낙 살기가 팍팍하니 부모가 해 줄 수 있으마 좋지 뭐. 그나저나 연속극에 보이 요새 아들은 결혼하마 쫄보가 된다 카데

쫄보? 쫄보가 뭔기요?

쌔빠지게 일하고 집에 들어오마 이 눈치 저 눈치 다 보고 좀 쉴라 카마 설거지해라 빨래 개라 청소해라 애 봐라 그카니 일주일 내내 쫄면서 지낸다 카더라. 요새 자슥들 불쌍하다

그렇께 자기 바운다리 안에 오마 편안히 쉬어 조야 피로가 풀릴 낀데. 우리 며느리도 직장을 계속 다닐 요량인데 손자 태어나마 봐 주야 안 되것나?

그거 골빙 든다 카던데. 오짤라꼬요?

그래도 얼매나 이뿌노. 그 맛에 보는 기지 뭐. 그기 사람 사는 거 아이것나. 죽으마 썩어질 몸 성할 때 마이 써야지

고향은 아늑한 곳

거치른 벌판으로 달려가자. 밤바바 바바~ 내일의 희망을 마~시자~~

젊은 그때, 좋~지. 우리 늙은 거 맞죠? 아니 익어간다고 해야 하나? 히히, 나이만…, 마음은 아니야, 굴러가는 낙엽만 봐도 웃는 때라구

그때가 있었던가? 아득한 그곳으로의 추억여행. 여름밤 풀숲과 물소리 아, 얼마 만인가?

맞네, 기타와 노래, 합성과 박수, 누구나 보헤미안이 되네

자기야, 현실은 가끔 꿈을 꾸는데 방해물이 되는 것 같아

인생살이 지나고 보면 일장춘몽이라고 하지 않았던가? 계속 꿈만 꾸어

현실은 오물처럼 지저분하고, 후안무치하고 파렴치한도 있겠지. 하지만, 진흙탕 속에서 피어나는 연꽃을 봐. 얼마나 아름답니? 꿈만 꾸다 가면 어때? 오늘밤이 무지 좋아. 가로등 아래 봐봐 뭐가 저렇게 분주하지? 좁쌀처럼 작은 물체가 왔다 갔다 저게 뭐야?

하루를 살다 사라질지언정, 이름하야 하루살이. 야~

주어진 일에 최선을 다하는 모습 보이지? 바쁘네~

야! 밤하늘 좀 봐. 별빛, 도심 하늘에선 보기 쉽지 않아

순정아 우리가 귀촌을 안 했더라면 이런 맛 볼 수나 있겠나, 그지?

그러게요, 이런 걸 행복이라고 하나? 자기 진짜 좋은가봐

진짜, 이대로 밤이 깨지 않았으면… 그때와 색다른 건 반딧불이 대신 휴대폰 불빛이네

어쨌든 빛이라 희망이 되기도, 아름답기도 하네

기타치고 노래 부르는 사람도 리액션하는 휴대폰 불빛 보고 신나서 감동 먹잖아?

좀 아쉽긴 하지만, 꿈 많던 그 시절 그 정서들이 잠자고 있던 내 영혼을 간질이네. 그런데 공연하는 사람들은 누구야?

아, 이곳에서 노래도 하고 또 취미로 음악실을 만들어 놓고 즐기는 사람들인가 봐

오늘 듀엣으로 왔네. 멋진 모습이야. 모든 사람이 즐거워하잖아. 추억도 더듬어 보고…

야, 그런데 저 사람들 산책 온 사람들 즐거우라고 하는지 아님 돈 빼 먹을라고 시간 때우기 하는지 궁금하지 않니? 요즘 그런 일들이 지역마다 많다고 하던데?

그래? 난 생각 안 하고 그냥 좋아서 보고 있는데 그럴 수도 있겠네

나라가 온통 축제니 연극이니 인문학이니 특색 없는 일들을 만들어 행사가 얼마나 많은지 계획서만 내면 지원이 들어가고 그걸로 운영을 하잖아

그럼 우리도 저런 플랜 세워서 살아갈 궁리를 해 볼까?

그러게 말이야. 좋은 생각. 자기 기특하네. 어떻게 그런 아이디어가 떠올랐어?

우리도 국민 된 도리로 한몫을 해야지…

무슨 일이든 동참이 중요한 거야

나라님이야 윗돌 빼서 아랫돌을 괴든지 말든지 내 배만 부르면 되잖아 안 그래?

인생은 맘 가는 대로

어이고 누님, 잘 잤능기요?

순동이 식전 댓바람에 어인 일이고?

와 식전에 오마 안 돼요? 오늘따라 누님이 눈에 밟히서 왔구마

밤새 머선 일 있었던 거는 아이제?

무신 밤?

밤새 안녕이란 말 들어봤제? 실감나더라 요새. 젊은 사람들이 잘 있다가 갑자기 쓰러지지를 않나, 또 스스로 목숨을 저버리지 않나 참 걱정시럽다. 안타까운 맘에 나 같은 인간도 나라 걱정해야 될 판이니 누군들 안 하겠노?

누님, 아침부터 복잡하기 나라 걱정하지 말고 오늘은 나하고 나들이 가입시다

뭐라꼬? 오데를 가. 가게는 오짜고…

가게는 전에 그 서울 아가씨 안 있능기요. 이장님 먼 친척 된다 카는…

그 아가씨는 서울에서 조사가 나오디만 하룻밤새에 어디로 토꼈다 아이가

그래요? 난 잘 있는 줄 알았네

뽕인지 뭔지 경찰이 오고 캐 쌌디만도 잽혀갔능가 모르겄다

이장님께 여짜 보면 알겠네

안 그래도 내가 물어봤디만 이장님도 어째된 판인지 똑똑히 모르겠다 카더라. 자기도 오랜만에 불쑥 온 친척이라 잘은 모르는 갑더라. 잘 있겄지 뭐

장마철이라 그런지 비도 꼽꼽시리 오고 님 생각도 나고 맘이 시룽새룽하네. 이런 날은 꼽꼽주 마시야 되는데

니가 님이 오데 있노? 누가 들으마 낼모레 장가든다 카겠네

문 잠가놓고 뜹시다. 살째기 쥐도 새도 모르게

아이고 대략난감이네. 하루 문 닫으마 매상이 얼만데? 그라고 문 닫고 없으마 사람들이 의심한다. 바람났다꼬 입방아들도 찧을 끼고

하라 캐. 원래 사람들은 자기가 듣고 싶은 대로 듣고, 말하고 싶은 대로 내뱉고, 쓰고 싶은대로 기리 재낀다 아이가?

인간은 그렇다. 사실은 재껴놓고 아이면 말고 식이라 당사자 하고는 상관없다. 그래놓고 따지마 뒷담화나 하고, 상처 입는 사람만 손해다

그러든 말든 우린 우리 식대로 살면 되잖아. 뒷담화가 뭐 그리 중요한기요?

그래도 사람이 그런가 감정의 동물인데

그러게 그놈의 감정이 뭔지 원! 나도 그놈의 감정 땜새 누님한테 이카고 있는 거 아잉기요. 사랑에 목마른 감정

해것는 짓 좀 보소. 스무고개나 하고 가게 보고 놀자. 일당 쳐 주께

난 있는 것도 다 못 쓰는 판에 일당은 무슨, 필요 없어요. 내가 누님 일당 줄 테닝께 하루만 떠 봅시다

고집은? 그라마 우리 문에다가 친척 결혼식 있어서 '금일휴업'이라꼬 써 붙이놓고 떠나 보까?

더불어 사는 지혜

비가 마이 오는구마 태풍이 온다 카디 바람도 마이 부네

태풍 이름이 뭐라 카더라? 다나 머라 카던데~

테레비에 듣기는 들었는데 다나슨지 다이나마이튼지 똑띠기 모르것다

태풍 이름이 국산도 아이고 쎄가 꼬이고 발음이 애럽다. 영어 선생도 아이고…

우리는 경로당에 앉아서 패나 돌리보자, 늙으이들이 할 끼 머 있노?

그렁께 말이다. 늙으이들이 빨리 가야 될 낀데 젊은 이들 일하다가 태풍에 쓰러지기도 하고 참 말이 아이다. 아요 귀촌인지 한 양반아 태풍이 와 해마다 오노? 쓸데 없이

그러게 말입니다. 어르신들, 태풍은 요~, 지구 전체의 온도 균형을 맞추어 주는 역할도 하고 아주 필요 없는 건 아니랍니다

필요하든 말든 간에 오이 안 맞을 수도 없고 목숨이나 안 잃어야 될 낀데

그렇께 말이다. 도시 양반 우리도 혹시나 대비를 해야 안 되겄소? 해마다 태풍 땜새 재산이니 목숨이니 피해가 얼마나 많노? 가뜩이나 안팎으로 어지러운 행핀에…

아마 이장님께서 홍보를 많이 해서 모두 단디 했을 겁니다. 어르신들 밖에 나가지 마시고 조심하셔야 됩니다

우리야 낼모레 가도 아깝잖다만 우짜던동 잘 챙기소

아요, 늙으이들도 화투장 갖고 놀끼 아이라 나라 걱정도 좀 하고 그라자

그래 말이다. 일본놈들 봐라 지금 무신 짓거리 하노? 일제는 사지도 말고 가지도 말자. 이거라도 해야 속이 안 풀리겄나. 인종으로서 할 짓 몬할 짓 그리 마이 하디 인자는 수출도 몬 하게 막네. 버러지만도 못한 인종들 저거 나라가 어째 일어섰는데…

그러게 말입니다. 그들은 과거에 저지른 크나큰 잘못을 인정하고 사과는 커녕 지금 와서 되레 경제 보복으로 나오니 우리나라를 얼마나 얕잡아 봤으면 저런 행동을 할까요?

화투도 치지 말자! 그것도 일본놈들이 국민들 도박중

독에 빠지서 정신 못 차리게 할라꼬 우리나라에 퍼트린 거 아이가?

맞네 못질띠기 똑똑다. 우리도 죽기 전에 건설적으로다가 좀 놀아보자

아요 갈말띠기, 그라마 뭐 하믄 되겄노?

늙은 기 비슬도 아이고 젊으이들이 우리 믹이 살린다꼬 뼈 빠지는데 우리가 할 수 있는 기 안 있겄나?

아이고 그카고 봉께 뒷집 덕산띠기는 읍에 아들 노는 데 안 있나, 어린이집인가 그게서 노인 일자리라꼬 돈 받고 일한다 카더라.

그라마 용돈 좀 벌겠네. 그런 데는 오째 알아서 구했노 재주도 좋다

그렁께 우리는 집에서 아~ 라도 봐야겄다

볼 아~가 오데 있노? 촌에 아~들 울음소리 듣기 애럽다

그러게 아들이 없응께 학교도 하나씩 문을 닫는 판인데…

우리가 할 수 있는 기 있는가 연구 좀 하자

말이 사람 맹근다

아침부터 매미 소리 쩌는 거 보이 오늘 땀 꽤나 흘리것다

철아, 인자 농사일도 바뿐 거 없응께 쉬엄쉬엄 둥구나무 그늘에서 감자랑 옥수수도 삶아 묵어 가민서 풍류도 좀 즐기자 뼈 빠지게 해 봐야 숨 거두마 헛일이다

그래 맞다 복아, 매미랑 베짱이랑 소꿉놀이하듯이. 머 그리 급한 기 있노? 인생이 얼매나 짧은지 나이 들어보이 좀 알 것도 같고

세월이 유수 같다더니 참말로 온제 나가 이렇게 들었는지 범이 니는 안 늙을 줄 알았디 너도 인자 늙네. 주름지고 머리카락 희끄무리하고 검버섯도 피고 할 거 다 하네

누가 아이라 카노. 안 하믄 뭐 혼자 찌질이 될까 봐 그러나 따라하고 있네

그나저나 수야는 용이 장개 안 보내나? 전번에 혼사가 다 되간다 카디만도 어째 소식이 뜸하네. 무신 일 났는 거는 아이제?

와 아이라, 연애를 해 가지고 결혼을 할라 카이 아가

씨가 왔을 꺼 아이가

그란데?

용이네가 너무 없이 살다가 인자 쬐끔 허리 좀 피고 살잖나? 아가씨 집이 너무 없이 사는가보데. 그랑께 용이 저거 엄마가 노(no) 했는 갑더라

요새 자슥 이기는 부모가 오데 있노, 웬만하믄 시키주지. 있는 집 자슥이 와도 못살 수도 있고 없는 집 자슥이 와도 저거 벌어 잘살 수도 있는데 사람 착하믄 그만이지

아이고 참, 용이도 힘들것다

용이 주구매 겁나 으시다. 용이랑 아배가 못 당할 낀데… 얼매 전에 용이가 애인을 델꼬 인사를 시킨다꼬 왔더란다. 용이 주구매가 가정사를 꼬치꼬치 묻디만 재산에 가서 탁 걸린 기라. 고마 안 된다꼬 절레절레 흔들디만 지금까지 고집이라 카네. 큰일이다. 날도 덥은데 이만저만 고집불통이 아이라카네 원

그라마 아들이 엄마를 구슬려 보기나 했는가?

해도 안 된다 카네. 워낙 답을 정해놓고 너는 듣기만

해라는 식이니 통하도 안 한다케

그렁께 말이다. 고마 요새 인구도 절벽인데 애인한테 '내 아를 놔도' 하고 하나 떡하니 만들어 오마 오짤끼고? 울미 겨자 묵기지. 크크

그라마 우리가 용이한테 살째기 시키 보까?

그래보자 철이 너거 아들이랑 용이랑 친구 아이가, 사바사바해봐라. 논밭에 하는 일만 농사가 아이라 자슥 농사가 얼매나 중한 일이고 안 그렇나?

야, 용이 주구매 꼼짝 못 하는가베. 아들 여친이 임신했다 카이 기가 팍 꺾이더란다

그래 말이다. 자슥 이기는 부모 없다 카디만…

그래도 손주가 들어섰으이 입 벌어지겠구마

욕심 많은 에핀네 미느리 시집살이나 안 시킬랑가 모르것다

그나저나 낼모레 입추고, 찬 바람 불어오마 기빌 오것네

올 가실에는 잔치국시 좀 묵겠구만

요새는 잔치해도 국시 묵기는 애럽다. 머시기나, 부펜지 부팬지… 가들이 치고 들어오이

아요, 부페에도 국시는 있더만…

그렁께 말이다. 길게 오순도순 잘 살아라꼬 묵는기 국신데. 그래서 쉽게들 돌아서는가?

꿈이 젊음이다

이장님, 서울에서 사업을 하다가 은퇴하고 우리 동네 이사 올 양반 있다 카디만 안 오능기요?

온다 카데. 장 씨는 언제 들었노 소문 났는가베? 서울에서 자동차 부품공장을 운영하다가 아들 물리주고 온다 카더라

여게가 고향인 갑지. 인자 오마 동네 사람 되구로 많이들 도와 조야지

그렇기를, 도시하고는 분위기가 다를 낀데 서로 돕고 살아야지

이장님 부녀회장님 여러 어르신들, 후배님들 고향 떠난 지 30여 년이 훌쩍 지났건만 이제사 사업을 정리해서 아들에게 주고 저는 고향 까마귀라고 이렇게 돌아왔습니다. 직장은 졸업이지만 인생은 이제 시작이라고 생각합니다. 저는 고향에서 또 다른 희망을 꿈꾸고 펼치면서 살아보고 싶습니다

낼모레 칠십인데 장래 희망이 뭐꼬? 다 늙었구마

아이고 나이는 숫자에 불과하다꼬 말도 안 들어봤

소? 와 그카요 이장님

예, 맞습니다만, 지금은 몸도 마음도 젊게 사니 유엔이 발표한 데 보면 18세에서 65세는 청년이고 66세에서 79세는 중년이라고 합니다

유엔이 머 하는 데고? 노인을 중년이라 카이 빌 소릴 다 하네

중년은 왜 중년인고 하니 청년도 노년도 아니고 어중간하다고 중년이랍니다

헉, 어중간? 허 참 말 되네. 늙지도 젊지도 않은…

베이비붐 세대들이 줄줄이 은퇴를 하는 시기이다 보니 은퇴 인구가 늘어나는 것 같습니다. 생산에서는 물러나지만 그동안 쌓아온 걸 재생산하는 은퇴이길 기대합니다

젊은 사람에 비하면 늙은 기고, 늙은 사람에 비하면 젊은 기고 참, 요상하네

그래 마, 수십 년 사업을 했으마 눈치는 백단이겠구마?

아이고 마, 김 사장님 인자는 사회적으로 씌워진 굴

레도 벗었겠다 그동안 갈고 닦은 노하우를 우리 마을 발전을 위해서 써 묵어 보도록 하이소 마, 환영합니다

제가 뭐 부족하지만 서로 소통이 잘 된다면 문제될 게 없을 것 같습니다. 사실 우리 사회는 흑백이 너무 분명하고 양분화되어 거기서 옴짝달싹 못 하는 느낌입니다. 모든 걸 또 정치적으로 몰아가는 분위기이기도 하고요. 이장님, 부녀회장님 모든 분이 잘하고 계시겠지만, 어떤 사안이 있을 때 우리 작은 마을 단위에서부터라도 서로 한 발씩 물러서고 이해하는 분위기가 되도록 했으면 합니다. 이장님과 부녀회장님이 이끌어 주시고, 어르신, 형님 아우 모두 도와주시고 저도 뜻을 합쳐 보겠습니다

암 그렇지 그래, 우리 마을에 귀촌도 하고 떠나는 동네가 아이라 돌아오는 마을이 되는구마

저도 이제 사각형의 네 귀퉁이에 꽉 짜였던 것처럼 기존의 생활방식도 좀 탈피를 하고 몸도 마음도 여유를 가지고 살아갈까 합니다. 그런 의미에서 오늘 하루는 제가 잔치를 열어 신고식으로 대체할까 합니다

아이고 사업가 양반이 온께 동네 분위기 살아나는구만…

오늘 모가지 때 삐끼고 광 좀 나것네

누가 아이라, 오늘 잔칫날이구만

날마다 설렘

열대야 땜시 잠을 못자 눈 시리다. 올은 에어콘 좀 키고 자야 되것다. 저놈의 매미 소리가 얼매나 더위를 부채질 하던지 원

무신 소리를 혼자 중얼 거리요?

깜짝이야! 순동아 니 왔나? 오째 요새는 꼼짝도 안 하네 오데 갔다 왔나?

가기는 오데를 가요. 혼자 방콕 안 했는기요? 날도 덥고 하이

머라꼬? 방콕 갔다 왔다꼬? 혼자 잘 나가네

아~ 참, 답답네. 혼자 갔다 온기 아이고 방에 콕 처박히 있었다꼬요

그 말이 그 말이가? 니가 지끔 날 놀리나. 콱 쥐어 박아뿔라. 그건 그렇고 우리 말이다 소문 더 나기 전에 살짜기 식을 올리는 기 어떻노?

야호! 꿈은 아이제 누님? 그라마 우리 여게서 카지 말고 신혼여행 삼아 제주도 가서 식을 올리고 오입시다. 감쪽같이

그라까, 그기 낫것다. 사람들이 알마 또 여러가지 복

잡다

그람 담주에 우리 가도록 하자요

갔다 와서 한 턱 쏘자. 숭카 봐야 온젠가는 들킬끼고. 뱅기 예매하고 호텔 잡는 거는 니가 알아서 해라 인터넷으로 하마 되제?

되다마다… 아이고, 살다가 이런 날도 있네. 365일이 요새만 같으마 얼매나 좋노

까분다 또! 가게는 서울 언니 좀 오라케서 문을 열어 놔야 안 되겄나. 사정 이야기 하고!

그래야지요. 동네 사람들 들락거리는데 문 닫아 놓으마 거시기 항께

바다여! 넓은 품이여! 변함없는 그대여!

푸른 물결, 갈매기, 갯내음, 바다를 달음질 치는 어부 크크. 난 인자 여게서 풍덩 빠져 죽어도 여한이 없겠소

야! 우리 우여곡절 끝이 좋구마

이러키 엮어질 걸 그러키 애태우고 그랬남요?

누가 아이라 카나. 그런 시간을 보냈으이 지금이 있

지. 느지막이 만냈응께 남들 샘나게 오순도순 살자. 뺄 거는 빼고 더할 거는 더하고

뺄 거는 뭔데 그라요?

살면서 우리가 잘 하는 거 있잖아 욕심, 비교, 무시 뭐 이런 거 아닌감?

난 또 머라꼬… 기본이지 그기야, 그람 더할 거는 뭔데요?

가족이면서 잘 안 하는 거. 그래서 내외가 금이 가고, 심해지마 가정이 파탄 나고 그라지. 믿음, 긍정, 격려, 존중, 관심, 책임 이쯤 해 두자. 서로 배려하는 마음만 있으마사 세상이 천국일 낀데 그기 잘 안 되니 지옥 아이가…

자알~해 보입시더. 배에서 천둥소리가 난다. 뭐 묵으로 갑시다

첫날이고 하니 제주 토속음식 묵으로 가보자. 싸고 맛있는 걸로. 간단하게 몸국으로 하자

몸국이 뭔데? 이름이 요상하요

머시 요상해, 제주도 말인데, 돼지고기 삶은 육수에다가 모자반(해초)을 옇고 내장 순대도 옇고 푹 끓이낸

국인데 잔치 때 안 빠지는 음식이라 카데. 먹을 만해. 울 지역에서는 뭐 톳이라고 하나? 그런 해초지

꼭 먹어야 될 음식이구만, 아이고 설렌다

미끌미끌 해초에 모가지 때 씻기 내리고 자기야 2차는 오데로 갈래?

내로남불

어야, 도핑 아지매네 손자 안 있나? 가가 이름이 뭐꼬? 결혼한다 카네

그렇나? 그… 범이 아이가. 아이고 잘 됐네. 노총각 딱지 떼겠다 인자

그런데 색시는 오데 사람인고?

주구매가 그러키 뒤지 쌓더만 새터민이라 카네. 멀리서도 왔다. 가시밭길 걸어 목숨 줄 띠 놓고 왔을 낀데…

석이네야, 새터민이 뭐꼬?

삼팔선 넘어서 온 사람들 안 있나? 죽을 고생 했겠구만. 들킸다 카만 총살이낀데

범이가 하도 착실하고 하잉께 저거 회사 직원이 소개를 해줏는 갑더라. 식당에서 일하는 아가씬데 싹싹하고 생활력도 강하고… 아, 남남북녀란 말도 안 있더나?

그라마 범이는 처가도 없겠네. 사돈끼리 상견례도 몬하고 오짜노?

아이다. 가족이 다 같이 넘어왔다 카더라. 부모가 먼첨 오고 딸이랑 아들이 뒤에 넘어왔단다. 그래도 그만하기 다행이지, 가족이 다 왔으이 외로움도 덜 할 끼고…

그라마 묵고 살기는 괜찮은가? 또 처가까지 믹이 살리야 되는 거 아이가?

시름 놓으소. 그런 걱정 땡기서 하들 말어. 에미는 과수원에 일 가고, 에비는 돌공장에 간다 카네. 생활력이 보통이 아이란다

대단하이, 북녘 땅 고달픈 현실에서 자유분방한 환상 속에 기대가 클 낀데

북에 비하마 기본 생활은 걱정 안 해도 되겠지만, 우리나라도 얼매나 살기가 팍팍하노?

그렁께 말이라. 그래도 북이랑 체제가 다르닝께 빼빠지게 하마 내 재산이 된다는 생각에 푸근하고 뿌듯하지 않겠나?

환상을 넘어 환멸은 안 느끼야 될 낀데 그자?

그러게, 얼매 전 테레비에 탈북 모자 숨진 채 발견된 거 봤제? 두 달이나 지났다 안 카더나, 올매나 외롭고 쓸쓸했겠노?

쯔쯔, 아무리 도와주도 사각지대도 있을 끼고, 낯설고 물 선 데 와서 그기 쉬운 기 아이라. 거가 오데고? 지

구 상에서 유일무이한 나라 아이가?

맞아, 같은 한반도 땅에서 살지만 반으로 갈라져 완전 다른 체제하에서 살다 보이 적응하기도 쉽지 않을 끼고, 또 직장 구하기도 얼매나 애럽겠노? 마이 힘들었겠다. 불쌍타

이래저래 남한이나 북한이나 살기는 한 가지다

넘쳐도 탈, 모지래도 탈, 아무리 잘나도 세상은 내 마음대로 되는 기 아이다

머라꼬, 요새 테레비 봐라. 지 맘대로 떡 주무르듯 하다가 무슨 장관 자리라도 차지할라 카마 미안하니 고개 숙여 사과하니 영혼 없는 말만 주저리주저리 안 늘어 놓더나?

지랄, 그카다가 그대로 밀고 나가마 그 자리 떡하니 차지하고 앉는 기고, 내로남불이라꼬 들어봤나? 설명 안 해도 알것제?

이현령비현령耳懸鈴鼻懸鈴 아이가. 요리 빠지고 조리 빠지고

그래도 그나마 쬐끔 움직일 수 있는 거는 내 마음뿐

이다

하모하모, 머라캐도 내 마음 자유롭게 움직이는 연습을 하는 기 낫다

넘의 손자 장개드는 이야기하디만 오짜다 삼천포로 흘렀노? 이라다가 도인 되겄다

그렇나? 쪼깨 있다가 하산하까?

2부

세월 이기는 장사 없다

세월 이기는 장사 없다

옛날 이바구 한 개 해 주까?

잼있는 기가? 바뿐데 이약 들을 시간이 오데 있노?

말이 옛날 이바구지 요새 우리 이바구다. 에··· 에··· 뭐더라 아까 생각이 났는데 금시 또 까묵었네. 나(나이)가 든께로 자꾸 깜빡깜빡한다 아이가?

아이고 세상이 좋아 정신 좀 차리고 살라 케도 나한테는 몬 이긴다

있제 동네 점빵에 오떤 아지매가 아이스크림 있제, 그걸 사로 왔더란다 '설레임'인가 하는 거 말이다

그런 기 있나? 그기 와? 동이 났다 카더나?

그기 아이고 점빵에 들어서 멍하니 있디만도, 갑자기 '망설임' 주이소 그카더란다

그래가~~?

망설임은 없는데예 그카이 그거 짜서 먹는 거 찹은 거 얼음, 그기 망설임 아이요? 그카더래. 그래 쿡쿡 웃으민서 그거는 설레임인데예 그캤단다

그래서 어째 됐다꼬?

하하, 맞네 설레임이다 그캐서, 그람 망설임도 만들

라 케야 되것다. 아지매들을 위해서..그카고 둘이 죽자꼬 웃어 넘깄다네

할 이바구가 그기가? 이약 끝났나?

내가 할라 카는 이야기는 이기 아인데~~? 생각나마 하께

슬프다. 세월이 흐를수록 세포도 하나씩 늙어가고, 그라고 세상도 어지럽다 아이가?

그래, 지정신으로 살라 카마 돌아삔다. 등신 소촘하기 사는 기 핀타

늙기 싫나? 노화를 쪼끔이라도 늦출라 카마 방법 하나 갈차 주까?

갈차(가르쳐)조라 나도 쫌 따라 해 보자

자~~ 머리 비우고 가슴 채우고 단순해져야지. 지금이 순간, 오늘을. 그다음에는 식탐 내지 말고, 음식은 양쪽으로 번갈아가민서 천처이 오래오래 씹어서 목으로 넘기라

그래 맞긴 한데? 배고파 봐라 천처이 씹는 기 되나? 마파람에 게눈 감추듯 하지

그람 지끔부터 연습해라 마

그래보까? 사계절 물 흐르듯이 가는 자연을 닮아야겠네…

인간이 자연을 거스를 수 있겄나. 자연으로 돌아가는 기 맞제?

빙고! 자연에서 멀어지다가 주름이 지민서 시나브로 가까워지는 느낌이다. 그자?

그거는 또 무슨 말?

옛날 그 감나무엔 발갛게 홍시가 달려있건만, 그 감 줍던 손들은 어디로 갔는지?

그때 언제 말이고?

내 얼굴 발그레 복숭아 빛깔 물오를 때 시장통에서 오빠야랑 국화빵 사 먹을 때 말이다

그라마 너 사춘기 때 말이가?

그 오빠야는 미국 가 산다 카더라 오째 늙었는지 궁금타

궁금도 하겠다. 머시그리~~

너 겉으마 안 궁금하겄나?

세상살이 뭐든지 너무 치열하다 정신줄 쪼매만 놓으마 허리멍텅~해진다

인생은 기다림

아우야, 오늘 이뿌게 채리 입었네. 누 만내로 가나?

아이라요 행님, 요새 깨가 쏟아지것소 신혼살림에? 식이 담임 선생님이 좀 오라 케서 학교 갈라꼬 예. 이뿐기요?

뭐 하로 오라 카는고? 식이는 학교는 잘 다니제? 퍼뜩 갔다 와

예, 댕기올께요.

선생님 안녕하세요. 식이 엄만데예

아~ 예, 어서 오이소. 식이가 요즘 집에 무슨 일이 있는 거는 아이지 예? 수업 시간에 집중도 안 하고 친구들이랑 싸움 걸고 좀 불안정한 것 같아 걱정이 됩니다

아이고 그렇습니까? 그것도 모르고, 집에 와서도 통 말을 안 하고 방문 잠구고 있어서 공부하나 보다 생각했는데…

요전에도 친구랑 싸워서 친구 부모님께 오해 없도록 말씀드려놨는데 올 또 그래서…

얼매 전에 집에 와서 엄마 우리는 와 차가 없노? 카

길래 갑자기 차는 와? 했디만, 친구는 엄마가 차로 아들을 델로 온다꼬 속상해합디다. 그래서 차 없어도 우리 식구는 오순도순 행복하게 안 사나? 했디만, 요새 차 없는 사람이 오데 있노 그캅디다

허허허. 녀석도… 그래서 예?

아빠가 블루베리 팔마 한 대 산다 카더라 했디만, 뭔 차 살 긴지 묻더라꼬요. 지 아빠가, 경차 하마 안 되겄나? 했더니 친구네는 벤츠 타고 다닌다꼬 시무룩합디다

그런 일이 있었네예? 한창 예민할 나이라 그런 것 같습니다. 저도 잘 타이르기는 했습니다만, 부모님들께서도 다독여 주셨으면 좋겠습니다

예 알겄심더. 부모가 돼 갖고 심란하네예. 형편은 안되고 빚내서 차를 살 수도 없고, 자슥 기 죽이는 거 같애서

식이 어머니, 세상은 겉으로 보이는 기 다가 아입니다. 어머니 말씀대로 차가 없으면 어떻습니까? 식이가 사춘기라 그럴 수도 있습니다. 너무 걱정하지 마시이소

고맙습니다 선생님

감나무에 감도 익어야 따지 않습니까? 아무리 먹고 싶어도예 발갛게 익어야 제맛이 납니다.아이도 기다려 주야 합니다. 인생은 기다림의 연속이라 캅디다. 적절한 비유인지 모르것지만…

식이가 차 때문이 아이라 시기가 그럴 때라꼬예? 그라마 오째야 아(아이)가 맘 편히 공부를 하겠습니까? 내 목소리를 내기보다는 잘 들어주고 비판도 조언도 안 해야 되겠네예.

예, 어머니 바로 그깁니다. 있는 그대로 존중해 주고 관심을 가지다 보면 괜찮아질 겁니다

알겠습니다. 에미 되기가 쉽지 않네예

행님, 막걸리 한 잔 주이소. 에고 모르것다. 인생은 연습이 없다 카디만도

아우야, 학교 댕기오디 무신 궁시렁이고?

가장 중요한 순간

할배 머 하요?

보마 모르것나? 대추 말린다 아이가?

시퍼렀구마. 에이, 너무 빨리 땄다. 아직 더 냅둬야 되는데…

먼지 보는 놈이 임자라

할배, 그런데 질가에서 와 그카요? 익지도 않은 대추를 따서 말린다꼬 그카이 운동 가는 사람 걸거치는구마

운동한다꼬 오르내리미 마누무 손들이 자꾸 따 묵는다 아이가?

할배 잠복 서야 되것다. 손들이 와 그라꼬…

모도 배울 때는 그래 안 배왔을낀데 그러쌌네

쯧쯧, 보소 영감태기, 그래서 꼭두새벽부텀 잠은 안 자고 이거 땄구마? 뭐든지 익을 만치 익어야 제맛이 나는 법인데 가을이 무르익을라마 아직 이르요

아이고 참말로, 마트에 가봐라 토마토 있제 그거 너무 시퍼럴 때 따서 제대로 익지도 않고 시들어서 제맛이 나 나더나?

안 팔리마 오래가야 되니 이해는 되지만, 그건 쫌 아

이더라. 어릴 때 밭에서 따 묵던 그 토마토 맛이랑 향은 하나도 없어

맞아, 사과도 봐라이 깔약이니 영양제니 농약 자주 치제 가지고 있던 영양소가 그대로 있것나? 다 변형이 생기지. 그런 것도 쬐끔 줄이마 안 되까?

그러게 사과도 하도 이것저것 맞아 싸서 자기 고유 영양성분의 반 정도밖에 없는 갑더라

소비자들도 문제 아이가? 모양 좋고 때깔 곱고 큰 걸 선호하니 까탈스런 입맛에 맞차야 안 팔리것나?

안 할 말로다 요새 약은 안 독하다 카지만 기존에 있던 성분도 없어지는 판에 사람 몸이라고 전디 내겠나?

누가 아이라, 내장도 수준을 맞차 내성이 안 생기것나?

아이고 그카자마 이약 끝이 없다. 우리 몸도 원인 모를 병들 얼매나 많더노?

글씨 말이다

음식이나 환경, 스트레스, 운동 부족 뭐 천지가 어느 것 하나 안 걸리는 기 있것나?

그래그래 땅뙈기 있걸랑 자급자족하고, 없걸랑 사 묵고 적응해야지 별수 있간디?

인명은 재천이라 안 카더나, 너무 집착하 마라. 그것도 빙 된다

인물이 좋으마 좋은 만큼 영양제도 마이 들어갔을 끼라, 그자?

등 굽은 나무가 선산을 지킨다 말 있제? 비주얼에 집착하다 속빙 든다. 굽은 노송 얼마나 럭셔리해?

얼씨구, 영어도 잘하고 배운 거 안 까묵었네…

다 필요한께 자리 잡고 있겄지. 그라마 집착하지 말고 대충대충 살까?

모든 기 그렇기야 하겄나만, 때에 따라서는 그렇단 말이지

에이고 모르것다. 금 중에서는 '지금'이 젤 값진 거라 카더라

크크 그렇께, 나락 익어가는 소리가 들리제?

경청

야, 석아 우리 어릴 적에는 과수원 있는 집은 부자라꼬 그캤데이

아지매, 지끔은 그라마 안 그런기요?

지끔도 그렇긴 하지, 그런데 그때는 사과가 아주 귀했다 아이가? 제사 때나 맛봤지 팽소 때 묵었나 오데? 껍디기 채로 갉아 묵었다 아이가. 나 시집살이 이약 해주까?

어땠는데요? 들어보입시더

가난한 농태꾼 집안에 결혼을 해서 온께로 때꺼리도 겨우 장만해서 묵더라. 거기다가 시부모 봉양해야 되제, 농사일 거들어야 되제 내 시간이라꼬는 하나도 없고, 하고 싶은 일이 있어도 아예 엄두를 못냈다. 서슬퍼런 시엄니 눈꼬리 올라 갔다 카마 알것제?

그랬어예? 몸고생 마음고생 말이 아니었겠네예?

임신했을 때도 사과가 하도 묵고 싶어 미치겠더라. 남편이라꼬 얘기하마 지 엄니 눈치나 보고 어무이한테 말하라 카데. 마마보이도 아이고 콱 고마. 내가 지하고 무신 관곈데? 무촌 아이가. 촌수로 저거 어무이랑 누가

가깝노? 사람도 믹이가미 일을 시키야 될 거 아이가? 더군다나 홀몸도 아인데

그러게요? 요새 같으마 보따리 싸고도 남을 낀데….

하루는 장날 모자지간에 갱운기 끌고 쌀을 팔로 가는데, 오늘은 사과 좀 사 올낀가 싶어 모가지 빼고 기다리고 있었지. 왔는데 갱운기에 보이 사과가 세 개 있더라. 아이고, 올 신랑이 기특하네 싶어 얼른 내다가 정지에 가서 숨 쉴 새도 없이 묵어 치왔다 아이가…

에고 얼마나 간절했으면…

문제는 그 담에 일났다 아이가

뭔~ 문제가요?

시엄니가 불러서 갔디만, 갱운기에 사과 있다꼬 가져오라 카데. 그래서 내가 묵었다꼬 했디만, 넌 시엄니 묵어보라 소리도 안 하고 니 혼자 처묵었냐꼬 얼매나 구박을 당했는지 원, 딸 같으마 그카겠나?

마이 서운하셨겠어요

지끔 생각하마 시엄니 앞에서 콱 토해 내고 죽는 시늉이라도 했어야 되는데. 내가 워낙 인내심 있고 교양이

있잖여 떡 빌듯이 빌고, 아이고 나는 양복 입은 뱀 짓을 못해

정서적 학대가 말이 아니었네요? 요즘처럼 며느리 떠받들고 사는 시대에 들으니 먼 나라 얘기 같애요

지끔 젊으이들은 시대를 잘 타고 났다고 해야 되나 모르겄지만, 그때는 귀머거리 벙어리 안 되마 견디 내지를 못했다 아이가

아지매, 고생해도 건강히 계시니 노래교실도 가고, 여행도 가시고 큰소리도 치고 그때의 희생을 조금이나마 보상받고 계신 거네요

그런가? 사는 날꺼정 건강하게 살다가 자슥 고생 안 시키고 자는 잠에 가야 될 낀데…

아지매, 건강이 허락하는 한 운동, 감사, 긍정! 손자들 재롱도 보시고…

석이네가 들어주이 늦었지만 반 분 풀렀다.고맙네…

생각은 하기 나름

야야, 올 장날이제?

오이, 맞아 그란데 와카노? 장에 뭐 살 거 있나?

요새 뭐 산다 케봐야 뭐 있노 파 버섯 고구마 그런 것들이지

열 시 차 타고 장 구경도 하고 가자. 파마도 하고

그라까. 크게 바쁜 것도 없고 항께 슬슬 가 보까?

그래도 장날이 사람 사는 거 겉애. 구경꺼리도 있고

무신 구경꺼리 말이고? 궁금타 빨리 이약해라

시장통에 베트남인가 오데서 온 아낙 있제, 얼매나 열심히 사노, 보통 아이다

그래, 다부지기 산께로 보기 좋다 아이가…

그이가 장날 가마 꼭 파는 과일을 묵으라꼬 주더라. 정이 그리워서 카는가

외롭기도 안 하것나

긍께 말이라, 자꾸 권하는데 손 부끄러버까바 받아묵는다 아이가? 그라마 그냥 올 수 있나 뭣이라도 한 개 사야지

그래, 그기 사람 사는 거 아이가? 정이란 것이 오는

기 있으마 가는 기 있고 기부 앤 테이크 맞제? 그런데 그 아낙 이바구는 뭐 땜시 하노?

글씨 말이다. 그이가 그리 생활력도 강하고 한데 냄편이라 카는 기 노상 술마 퍼마시고 마누래 노점에서 하루 죙일 앉아서 푼돈 벌은 거 해거름 대마 와서 내노라꼬 손 벌린다 카더라. 안 주마 때리고 살림 뿌사 삐고 난리도 아니란다. 언제 시근 들란고? 빌어 처묵을 놈, 마누래 불쌍타 저리 살아 볼끼라꼬 발버둥인데 그노무 면상은 와 그런지 모르것다

아이고, 피붙이가 옆에 있나 친정이나 가깝나 말이 잘 통하기를 하나 얼매나 외롭것노 그자, 어째 이 먼 데꺼정 아심찮이… 좋은가 싶어 왔을 낀데 말이다

냄편이라 카는 기 잘 해주도 외로울 판에 한 볼티 올리마 속이 썬~하것다

그러이 가족이라꼬 정이 붙것나 밖으로 나돌다 보마 끼리끼리 뭉치서 국적마 취득했다 카마 도망갈 궁리나 하고 그러것지

그래도 많이 좋아졌어. 연말 되마 다문화가족의 밤이

니, 문화 활동도 하고 자기들 나라 무용이나 춤 노래 같은 장기 자랑도 하고 고향 이약도 하고 향수를 달랜다 아이가

그런 재미라도 있어야지 오데 결혼 이민자라꼬 다 그렇것나 잘 사는 집도 많제?

그래 맞아 본국 사람끼리 가정 꾸맀따꼬 다 편하디? 이혼, 폭력, 살인까지 저지르고 무서운 세상 아이더나. 사람 사는 동네 다 같을 낀데 사나 자슥도 애렵게 결혼했으마 좀 다독이 주고 챙기주마 적응 잘하고 살낀데 지 발등 지가 찍는구만… 쯔 쯔

그놈의 방송이 아들 다 버리 놓는다. 화려한 코리안 드림 기대하고 왔다가 쪽박 차는 거 아인가 몰러. 쫌 갑갑할라 카네. 사람 사는 기 와 이렇노 재미도 없고?

한쪽이 열 올랐다꼬 느끼마 한쪽은 죽어야 된다. 마주치 봐야 깨지기 빼끼 더 하것나

그래 서로 얼굴 붉히봐야 좋을 거 없지

아이고 '일체유심조一切唯心造'란 말이 새삼시럽다

찰찰이 불찰

봉수야 너거 아들 내년에 대학가는 거 아이가?

맞아요 아재, 오째 그런 걸 아요? 갈치주지도 안 했는데.

아이구 내가 모르는 기 있나 누구네 돼지 새끼 낳는 거꺼정 다 아는데

조국인가 가 땜에 또 금방 교육정책이 바뀌겠데? 수시가 늘어나디만 정시 위주로 한다 카고 요번 참에 대수술을 한다카나 뭐라나 원

글씨요, 이리저리 고민도 하고 의견 조율도 하고 선진국 예도 좀 보고 해서 우리나라 실정에 맞게 고치 나가마 될 낀데 그기 아이라요

그 노무 정치가 나라 망친다

그렇께요, 뭐든지 좀 지속성도 있어야 부모도 일관성 있게 성적에 맞차서 학교 보낼 궁리를 하지. 지 꼬라지가 최고라꼬 생각하니 정권만 바뀌마 뒤집어 뿔고 참~ 우리 국민들 속도 넓고 적응도 잘해요

그랑께 말이다. 옛날부터 하도 침략을 마이 받아가 살아남는 방법 터득하는 데는 일등 국민 아이가? 금수전

지 똥수전지 자슥들 하는 거 봤제? 부모 잘 만내서 스펙 맞차 밀어 넣어 뿌리마 끄~읕. 원칙대로 성실한 학생들만 손해 본다 아이가?

그러게요, 공부가 다는 아인데, 기술 좋아하는 아들은 기술로 나가고, 타고난 재주대로 키워 나가면 좋을 낀데 너도나도 대학 가야 되고 하지도 않은 스펙 맞차야 되고, 무조건 공부해서 판검사 의사가 최고니 안 그런기요?

노래하고 접다는 아 백날 잡아놔 봐야 공부 머리에 안 들어온다. 스펙 밀어 여갖고 의사 되마 그거 목숨 담보로 목 대고 있것나 안 그렇나?

그케 봐야 장래 모두 없어질 직업군이다. 사람이 하던 거 AI인가 그기 다 한다 아이가

그렇네 아재, 앞으로 쎄빠지게 밤잠 설치가미 공부할 필요 없것네

그래도 학생이마 공부는 해야지 가들 시기에 맞는 추억도 있어야지. 학교 가고 시험치고 해야지 오짜겠노. 기본적인 지적 용량은 채워야 안 되것나?

그런기요. 오짜라꼬 하란 말이가, 말란 말이가 아재?

크크크, 달달달 외와서 답안지 쓰고 부모가 스펙 채워주고 그래서 자리 차지하고 앉으마 그거 대물림 되지 않겠나? 가들은 또 그 자슥들 그렇게 할끼고 그자. 들통 안 나마 열심히 해서 그런 기고 들통 나뿌리마 범죄고 안 그렇나?

그렇께요, 촌에서 아들 대학 보낼라 카마 오데 쉬운 기요, 이중 삼중고 아인기요? 오짜다가 잘 해서 지가 다 벌어서 가마 좋지만 그기 맘대로 돼요?

자식이 부모 골라서 태어나는 건 아이지만 능력 있는 부모 만낸 것도 지 복이다. 멕이 주고 입히 주고 성인될 때꺼정 키와 주마 저거 알아서 해야 될 낀데 결혼을 하마 한 대로 안 하마 안 한 대로 이래저래… 요즘엔 부모도 살기 힘들다

아재요, 우리 아들은 캥거루족 맹글기 싫소. 저거 하고 싶다 카는 거 시키고 그런 거로 스트레스 안 받게 할끼요. 그라고 공부도 하기 싫으믄 기술 배우던지 해서 그걸로 나가믄 안 되것소?

그래 좋은 생각이다. 찰찰이 불찰이라꼬 너무 잘 할라 카다가 되려 망친다

아들은 저거대로 놔 두고 우리는 우리대로 재미지게 살자

죽음과 성장

부녀회장아, 니 라디오 잘 듣나?

행님, 요새 라디오 듣는 사람이 있디요?

그람 테레비만 보나?

유튜브도 있고 천지가 라디오 뿌담 안 낫디요. 난 통 들을 시간이 없던데 와?

야, 들어봐라 재미 있데이. 테레비는 눈으로 화면을 봐야 되지만, 라디오는 들으미 일해도 되고 들을 만하더라. 그때는 카세트만 있으마 이어폰 꽂아가~ 듣고 안 그랬나, 참 옛날이다

나도 알지롱. 마이마이 카세트 라디오

크크, 젊을 때 대단하다고 착각 속에서 살던 때 아이가, 지끔 생각하마 민지럽기도 하고 오만하기도 했지. 씨가리 반 만한 우주 속에서 비비적거리미 우물 안 개구리가 따로 없었다

행님, 인자서 무신? 치이기도 하고 또 치기도 하고 사람 살다 보마 안 그렇던기요 그자. 살아 남을라 카이 다 발버둥이지 뭐…

그래 말이다. 살아남아야 된다꼬? 그래야 되나? 비참

하다 살아남아야 하다니, 럭셔리 하기 세월 보내야 될 낀데 살아남는다 캉께로 쫌 거시기 전투적이다

그라마 말 바꿉시다. 이때껏 잘 살아 남았응께 인자는 럭셔리 하게 늙어 봅시다

우짜마 그래 되노? 갈치조라 기름 좀 치 보자

라디오 들응께 곱게 물든 단풍은 봄꽃보다 이뿌다 카데 행님. 시들어 말라 떨어진 꽃은 안 주워 가도 곱게 물든 단풍잎은 줏어 간다 캐요.

라디오도 듣기는 하는가베?

듣기를… 밀거이 행님이 물어서 시치미 떼 봤지

야, 우리도 신체 노화는 막을 수가 없지만 곱게 늙어야 되것제?

행님, 말이라꼬?

크크, 늙으마 지갑은 열고 입은 닫아야 된다 카데 그라마 되나?

그것도 맞지요. 주저리 주저리 아는 체 마이 하마 싫다 칸다. 들어주야 되지

또 머시 있더노?

자슥들 재산 물리주지 말고 집은 징기고 있으라요

그래, 그거는 맞겠더라. 집 팔아 가 자슥 보태 준다꼬 같이 들어가 후회막급인 갑더라

그라고요, 귀중품도 있으마 유산으로 남기지 말고 살아 있을 때 선물로 주고요. 그래야 고마움이 배가 된다 카요

아이고 마, 나는 줄 기 마이 없다. 고급지기 늙을라 카마 천지삐까리다 우째 다 알겠노? 우리 선에서 할 수 있는 거 하마 되는 기지

행님, 아직 살아갈 날이 많소. 천처이 주고 받으마 돼요

우야든둥 마이 베풀고 웃고 맘 편하기 살마 될 꺼 아이가?

맞소 행님

저승 갈 때꺼정 갈고 닦아야 된다

그거 마이 듣던 소린데? 그래, 죽음을 맞이하면서도 진정한 자신이 되도록 노력하는 기 성장이라꼬 카더라

습관은 들이기

야, 너것들아 다 모이봐라 우리 인자 일 쫌 꾸미 보자. 부녀회장도 오라 캐라

머라꼬요? 행님 무신 일 났소? 재미있는 일이요?

딴기 아이고 우리도 한 해 농사 짓는다꼬 애 묵었는데 회비 좀 있제? 마, 여행 가자

그라마 오데로 갈랑기요? 천지 요새는 여행도 마이 댕기던구만

그라마 너 안 가본 데 가든지….

아이고 내 맘대로 그래도 되겄소?

의견이사 내마 되지 안 될 기 있나

난 하와이 갈라요. 안 가 봤응께로 참 가고 싶더라

그라마 가뿌자. 우리가 무신 기 머 있노? 이 나씨에….

갈라 카마 한 열흘 잡아야 안 돼요?

남정네들도 농사철도 아인데 집 보라 카지 뭐. 곰국 낄이노마 되지

메칠 집 비울라 카마 복장 터진다. 일일이 갈치주고 가야 되니 원

그렁께 팽소에 좀 시키 묵어라. 질은 딜이기 나름이다

그라지 뭐 그동안에 갈치 놔야지

좋아 가자! 가자! 기분 좀 내자. 여성 상위시대 된지 오래됐는데 우리는 아직 아이다

상 우에 얹어놓고 흔드는 기 상위시대라 카디 요새는 양성 평등 아이가

행핀 되는 대로 가마 된다. 부부 누구든지 간에 먼저 가는 놈이 임자다

그래 알았다 하와이로 가자

야, 총무야 그 갈라 카마 요새 크루즈 여행 좋다 카던데 어떻노?

그거는 가입하고 돈 좀 모이마 가는 기 좋다 카더라 바로 갈라 카마 회비로 가기는 안 쉽다

그렇나? 그라마 지금 예약하마 겨울 가기 전에 안 갔다 오겄나 그자

그래 여행사 찾아가 하마 된다

우리는 그동안에 남정네들 훈련시키고 계획 짜고 그라마 되겄다

히히 재미 있겄다. 우리 돈 디리가 파마도 하고 똑같

은 티 사 입고 출발하까?

그라자 잊아뿌마 안 됭께로 같이 입고 가자

그라마 파마도 같이 할래? 단체로 하마 돈도 좀 깎고 해 도라 카자

아이고 뱃살도 빼고 해야 되겄다

그래 맞다 와이키키 해변도 거닐고 물놀이도 하고 남들 하는 거 다 해봐야지 안 그렇나?

남들 안 하는 거는 뭐 있겄노?

긍께 생각 해 보자 경치 좋고 하마 저절로 시상이 떠오를란지 누가 아나?

아이고 참말로… 우리 부녀회 하와이 갔다가 시인 나오는 거 아이가?

누가 아이라 카나 나오마 겹경사지 안 그렇나?

그라마 총무야, 낼 해 뜨마 빨리 여행사 알아보고 하거라이

아이고 웃기는 이야기 하나 해주까?

내 친구는 냄편이 이날 이때껏 시키 묵기만 하지 주

방 일은 일도 모른다 카네

그래서 오째 됐노?

모임에서 3박5일 동남아 여행 갔다 왔디만 전기밥솥 쓸 줄을 몰라가 밥솥을 도라이바로 풀어 놨더란다. 이것 저것 눌러 보마 될 거 아이가, 복장 터져 죽는다 캉께

아이고 말도 마, 우리 형부도 있제 언니가 곰국 낄이 놓고, 두부 한 모 사서 냉장고에 여 놓고 갔다 왔디만, 그거 묵고 설사를 해서 난리가 났더란다

두부가 와?

그걸 해 묵을라꼬 밖에 내놨다가 누렇게 미끌미끌 쉬어 빠진 걸 호박 들어간 칼라 두분 줄 알고 해 묵었디만 그렇다 안 카나? 속 천불 난다

그케, 마누라가 찐빵 속에 앙코인 줄도 모르고 벌대로 씨버리 쌌다가 벌 받는 기지

우리들 복에 이생에 그런 일로 대접 받기는 텄다

일단 반복해서 시키 묵는 수빼끼

불꽃

정연아 잘 사나?

어이구 오짠 일이고? 참 꿈에서나 보나 했디만 이런 날도 있네. 그래 오째 지내노?

얼매 전에 인도 여행 갔다 왔다

좋더나 가시나야 나 좀 델꼬 가지

야, 뉴델리에서는 시내를 걸어서 다니기 힘들데이. 목이 메케해서 숨을 쉴 수가 없더라

와 그렇노?

온통 스모그로 뿌옇게 덮이서 명징한 햇빛을 보기가 어렵데이 참말로. 몇일 있어 봉께로 매일이 그렇더라. 가들은 그기 일상이 되뿟더라. 그곳 사람들은 아무렇지도 않은 듯 온 시내를 누비고 다니지만, 그런 데서 오째 숨을 쉬고 살 수가 있는지 원

공기 좋은 데 천지던데 오째 그런 데로 갔노?

뉴델리만 그렇지 거기 벗어나마 개안타

그래? 안 가봤응께로 잘 모른다 나는

넓디넓은 땅덩어리, 우리와는 비교가 안 되는 인구, 수많은 힌두교의 신들, 생각해 보마 무슨 거대한 집단의

무거운 바우 같은 느낌이라

잘했네. 다음 갈 때는 나도 델꼬 가라 친구야

내가 머 할라꼬 이 이약을 꺼냈노 할 일 없이? 그때 여행 가서 하도 고생을 해가 미세먼지 카마 인도 생각난다 아이가

인자 이 촌에도 미세먼지가 덮이서 때로는 답답한 마음이 든다

그케싸도 공기 좋다꼬 그 이약할라꼬 전화했다 아이가. 니 바뿔 낀데 내가 잡고 씨부맀는 갑다

개안타 손님 없다 아직, 너도 한번 댕기가라. 나랑 옛이야기도 하고 얼굴 좀 보자

여사장, 오째 심기가 불편나? 안색이 별로네. 병원 가야 되는 거 아이가 갔다 오이라 내가지키고 있으꾸마

아이고 아이라예 행님, 손님이 온다 케서 기다리는 중입니더

누님 기다맀는기요 늦었지요?

(아니! 자들이 그렇고 그런 사인가? 근데 순동이는

그래도 총각 아이가 총각이 과수와 눈이 맞는다? 쫌 거시기 한데. 그래 논께 사람들 눈치 챌까 전전긍긍이었구마. 참, 등잔밑이 어둡다 카디만도 하기사 시상이 하도 바끼 쌍께로 요새 그런 기 흠이 되나 말이지. 과수고 총각이고 저거 좋으마 그마이 아이가.)

어, 순동이 왔나 여개는 어짠 일이고?

(머리를 긁적이다 멋쩍은지)

아지매 오싰는기요 건강은 좋지예. 오랜만입니다. 마, 막걸리 한 잔 할라꼬예. 오늘은 일도 끝났고 푸근히 앉아서 세상 돌아가는 이약도 하고 편하기 쉴라꼬예

그렇나, 쥔장 막걸리 한 빙 주봐라 순동이랑 한 잔 마시보자 오랜만에

아이구, 예 아지매 한 잔 하입시더. 누님 돼지 김치찌개 되능기요? 되마 좀 낄이주소. 오랜만에 아지매랑 묵으마 맛이 있을랑가?

(순동은 목적과는 달리 동네 아지매랑 막걸리잔을 기울이게 되었다. 속은 좀 까맣게 타 들어가는데)

누님도 이리오소 같이 입 대 보자꼬요

그라까

(순동은 과수댁이랑 단둘이서 오붓하니 정전기 일어나는 것도 맛보고 싶었는데 뜻하지 않게 방해꾼이 끼어들었다. 요즘 들어 순동은 밤낮 시간만 있으면 멍 때리는 시간이 많아졌다. 과수댁이 저를 좋아하는 것도 같고 아닌 것도 같아 초조한 마음이다. 새파란 나이에 짝사랑을 해 보고는 아무도 사랑해 본 적이 없는 순진한 총각이다. 마흔이 넘도록 뭐 했을까 한심한 생각도 들었다. 그런데 동네 가게를 들락거리며 과수댁이랑 농도 주고받고 스스럼없이 지내다 보니 시나브로 정이 들었나 보다. 미상불, 마음이 답답할 때면 가게 앞을 몇 번이고 왔다 갔다 한다. 그러면 과수댁이 찌개도 끓여 주고 밥도 주고 외롭지 않게 다독이곤 했다. 그러다 보니 과수댁도 순동이가 보이지 않을 때면 궁금하기도 하고 뭘 하고 있는지 전화를 하고 싶지만, 처녀 총각도 아니고 대뜸 전화하기도 그렇고 꾹 참고 나타나기만을 기다리는 중이었다.

하루는 뒷집에 사는 식이 어머니가 가게에 다시다 한 개를 사러 오더니 이상한 이야기를 꺼냈다. 과수 띠기야 너도 살 날이 아직 멀었는데 청춘을 썩힐끼가? 하면서 개가하기를 넌지시 의중을 떠 보기도 했다. 과수댁은 도둑이 제발 저리다고 그때 속을 들킨 것 마냥 얼굴이 화끈거렸었다. 아직 시작도 안 했는데 썸 타는 중인데 '혹시 저 아지매가 아는 거는 아이것제' 가슴이 쿵쿵 방망이질을 했더랬다. 그렇지만 감추기를 해야 될 것 같아 '오데 좋은 남자 있는 기요? 있으마 붙이 보이소' 하면서 능청을 떨었었다. 과수댁은 그날로 마음을 더 다잡았다. '암만, 모르겠지 지레 겁 먹지 말자'

순동은 고등학교를 졸업하던 해 어머니가 돌아가시고 2년 후 아버지까지 돌아가셔서 혼자 지내는 총각이다. 타지로 나가 직장 생활을 3년 정도 하다가 고향으로 돌아와 중장비 기술을 익혀 지금은 바쁘게 불려 다닌다. 사랑을 해 보지는 않았지만 노총각으로 나이 들어가고 있는 처지라 동네에서 내 일처럼 걱정하는 이웃들이 많아 중매를 넣기도 한다. 그때마다 순동은 맘에 들지 않는다고 퇴짜를 놓았다. 어떤 때는 베트남이나 캄보디아 아가씨라도 맞선을 보라고 권유를 했지만, 결혼할 마음이 없다고만 했다. 마음은 콩밭에 가 있는데…)

변신은 무죄

과수댁은 늘 살아오던 대로 가게 문을 열고 하루하루를 바쁘게 굴리다 보니 피부관리실 한번 마음 놓고 가보질 못 했다. 아니, 아예 자신과는 거리가 먼 일이라 생각하고 관심도 없었다. 그런데 해가 바뀌고 나이도 들어가고, 가만히 거울을 들여다보니 저승꽃이니 잡티가 얼굴 가득 덮이고 군데군데 주름이 늘어 거울을 보는 게 징그러운 파충류를 보는 듯이 소름 끼쳤다.

'아이고, 세월 이기는 장사 있나, 나도 늙네. 손자꺼정 봤는데 안 늙고 되나 참, 허탈하기는 하다. 내가 세월 헛살아 온 거는 아이것제?'

그러다가 문득 급한 마음이 들었다. 마음은 이팔청춘이나 몸 구석구석 불편한 데가 나타나고 거울을 보고 있자니 속에서 천불이 났다. 자식들은 반듯하게 키워 놨으니 걱정이 없지만 거죽만 덩그러니 세월이 야속하다는 생각과 무엇을 위해 부지런을 떨며 살아왔나 되돌아보게 되었다. 그래서 임시방편으로 집에 있는 먹다 남은 오래된 미숫가루와 꿀과 우유를 혼합해서 얼굴에다 바르고 셀프 관리를 했다. 당장 피부관리실을 가기는 쉽지가 않고, 하기 쉬운 것을 택했다. 효과가 있을지 없을지는 모르지만, 꾸준하게 관리하는 것이 효과가 있지 않을까 생각하면서 거울을 보고 '예뻐져라, 젊어져라. 나는 나대로 예쁜 거야, 외모가 대수야? 누구도 나의 미모를 따라올 수 없어, 한 술의 미숫가루가 내일의 아름다운 미모로 탄생시킬 거야' 최면을 걸었다. 찬 바람이 불면 풍문으로 들은 성형 잘하는 병원을 수소문해서 진단을 받아볼까 궁리를 했다.

과수댁은 이제 순동과 썸 타는 단계를 넘어 서로 끌어당기는 사이가 되었다. 순동은 비록 과수댁이 아가씨는 아니지만, 언제나 상냥하고 씩씩하고 푸근한 피붙이처럼 챙겨주는 기댈 언덕처럼 느껴졌다. 그런 맘에 자주 가게를 들락거리다 보니 어느새 정이 들고 하루라도 가게에 가지 않으면 허전하기까지 했다. 드는 정 나는 정 다 들었나 보다. 오늘도 가게에 들렀더니 과수댁은 벌게진 얼굴로 순동을 맞이했으니 순동은 '내가 뭐 잘못한 거 있나?' 속으로 지은 죄 없이 켕겼다.

누님, 뭐 오늘 속상한 일 있는기요?

아이라, 멀거니 혼자 속 낄있다. 거울 바라보이 한심해서 속에서 불이 난다아이가

아이고 마, 세월을 오째 속일끼요? 그기 훈장 아잉기요. 찬 바람 맞고 서리 맞고 눈 비 맞는데 전딜 재간이 있는 기요. 천불千佛로 승화시키소 마. 오째 나하고 재미있는 일이나 맹글어 보입시더 누님

오! 예, go다. 그래봐야 나마 속 상하겄제. 속절없이 가는 세월을 누가 말릴 끼고? 받아들이야지 그냥 한번 해 봤어. 나만 그런 기 아이고 누구나 공평하게 누리는 거 맞제? 순동이 니가 오이께네 고마 봄눈 녹듯이 해결되뿟다 고맙네. 사람 마음이 이리 요사스러운 거 아이가 헤헤

과수댁은 아침에 거울을 보다가 괜스레 부아가 치밀었었다. 그러던 차에 순동이 가게로 얼굴을 들이밀자 눈이 휘둥그레지고 부아는 스르르 가라앉기 시작했다. 문제는 거기에 있었나 보다. 며칠째 순동의 얼굴이 보이지 않아 무슨 일이 있나, 변심을 했나 사람들한테 일일이 물어볼 수도 없고 혼자서 전전긍긍하던 차였다.

니 오데 갔었나? 요 며칠째 안 비데? 마이 궁금했다

일도 마이 없는 철이라 마음도 다스릴 겸 경기도 산골 참선 명상하는 데가 있다 캐서 5박 6일 일정으로 댕기 왔다 아잉기요

무신 걱정이 있나? 아니믄 맘이 복잡하나 보기하고는 좀 다르네. 참선하는 데를 와 댕기왔으꼬? 이런 거랑은 거리가 먼 줄 알았디만, 맘이 싱숭생숭하나?

그런 기 아이라요. 우리도 인자 진도도 좀 나가야 안 되겠는기요. 맨날 사람들 눈치만 보고 하이께네 재미도 없고 해서 바람도 쐬고 이참 저참 댕기왔지요

아이고, 그랬나? 그람 말이라도 좀 하지 그랬노. 난 그런 맘도 모르고 한참 안 보이길래 무신 일 있는가 싶어서 걱정했디라. 인자 좀 터놓고 야기하자

좋소, 누님아 명색이 총각인데 그래도…. 동네 사람들 눈치 봐 가미 연애를 할라 카이 숨 막히고 어처구니 없다

좁은 동네 살마 그렇다. 다 양면성이 있어. 한 울타리 가족들처럼 서로들 걱정해 주고 돌봐주면서 아늑한 분

위기도 있지만, 지금 니 입장에서는 답답하제 그자. 오야 것노?

가게도 지금까지는 허름한 건물 안에 방겸 주방, 탁자, 의자 몇 개, 뒤쪽 안채로, 들마루가 놓여 있어 옹기종기 모여서 술을 마시면서 세상 돌아가는 이야기며, 개인적인 한탄까지 그야말로 '나들가게'라 다정하고도 인정미 넘치는 것이었으나, 요사이는 깨끗한 건물들이 많이 들어서고, 살아생전에 새 건물에 단정하게 살아보고도 싶은 마음에 과수댁도 올 봄에는 집을 다시 지으려고 한다.

얼마 전 건물을 다 부수고 나서 터를 바라다보니 가게랑 살림집이랑 두 집 살림이었던 터 인데 그것들이 다 어디에 들어 있었는지 마당은 아주 작아 보였다. 그래도 있을 거 다 있었는데 말이다. 굴삭기로 땅을 고르고 과일이랑 막걸리를 사서 터 신에게 '잘 살던 땅을 파헤치게 되었으니 지금처럼 아무 탈 없이 잘 지어서 건강하게 살 수 있도록 해 주세요 터 신님' 하는 고사를 지냈다.

요즘은 나들가게도 있지만, 시대의 변화에 맞추어 젊

은이들이나 혼족들이 주로 이용하는 곳은 편스토랑이 인기다. 이곳에는 음식이 거의 바로 입으로 들어갈 수 있도록 포장이 되어서 나오고 분량도, 종류도 얼마나 많은지 그들이 이용하기엔 불편이 없다. 과수댁도 이참에 편스토랑으로 바꾸어볼까 생각 중이다

잠재력을 발휘하자

순동아 니 결혼할 사람 있다메? 소개 안 시키 주나?

허 참, 행님, 동네 소문 났습디까? 살째기 데이트했는데 들통 나뿟는 가베 헤헤. 있기는 있어요 조만간 얼굴 보이께요 기다리 보소

등잔 밑이 어둡다 카디만

궁금하지요 행님, 우리는 볼장 다 봤소 벌써로

허허 참, 그러키나, 굼벵이도 구르는 재주가 있다 카디 니도 인자 장개 들랑갑네. 얼굴은 반반하나 오떻노? 듣던 중 반가운 소식이다 야!

행님, 그런 거 아요? 이 말이 해당 될랑가 모르것지만, 사람한테는 무한한 잠재 능력이 주어져 있다 카데요. 내가 잠재력 발휘할라꼬 셀프 고립에 빠져 있었던 기요, 흐흐

그렇기나, 꺼내서 쓰기만 하믄 되는데 사람들은 평생에 걸쳐 그 능력을 다 몬 쓴다. 그나저나 장개 들마 살림은 오데서 할끼고?

요새 촌에도 아파트 안 많은기요? 하나 장만해 놨어요. 돈 벌어 쓸 데가 오데 있능기요. 그라고 노총각이 집

이라도 있어야 색시가 오지요 안 그렇소?

기특하네. 엄벙덤벙한 거 같디만 야무지다 야

내 요량 내가 해야지 누가 도와준다꼬요?

요새 집 몇 채씩 있는 사람들 집 내놓으라꼬 부동산 정책이 수무분이나 넘게 바끼싸코 그케봐야 되는 기 있더나? 두꺼비 싸움에 파리 치인다 카디 돈 많은 사람이야 무신 걱정이고 세금 올리마 전월세 올리고 세입자만 골빙 들지 안 그렇나

그케요, 부자는 부자대로 불만 세입자는 세입자대로 불만 아이디요? 인자 먼~ 세금 맹글어 가꼬 거다 딜일랑고?

야, 세금은 갖다 붙이마 내야 되는 거 아이가? 조선시대에도 죽은 사람한테도 매기는 택도 안 되는 징세도 있었지만, 인도에는 유방세도 있었다 카데. 천민계급 여성들이 가슴을 가리고 댕기마 내는 거, 그라고 영국에는 난로세라꼬 난로 숫자에 따라 내는 세금이 있었단다. 다 국민 주머니를 털자꼬 만든 거 아이겠나?

그렁께 말이라요 뭐든지 우격다짐 번갯불에 콩 꾸어

먹듯이 주먹구구로 우왕좌왕, 모르만 전문가한테 머리 맞대고 조언을 구하던지 참 아이라꼬 봐요

모르마 배와야지 독불장군 난 것도 아이고, 차라리 가만 내비 두던지 참 기가 차고 코가 차네. 거다 딜이는 것도 좋지만, 요리를 잘 해야지 엉뚱한데 뿌리고 가뜩이나 코로나 땜시 불경기라 죽을 지경이구마…

영업집 문 열어놓고 안 되마 문 닫고 죽어야지 빌 수 있소

그렇다꼬… 죽으마 되나? 죽지 말고 살자, 살아서 이기야지

행님아, 뭘 이긴단 말이요. 도시 가 보소, 촌에는 쫌 덜 하고만

역경을 딛고 일어서야지 그래야 사람 아이가? 우리 민족이 누고 다 역경을 딛고 일어선 민족 아이가? 민족의 얼을 되살리야지

숨 쉬는 기 역경 아잉기요? 무신 말인고 알겄지요?

그렇기는 하다만, 쥐구멍에도 볕 들 날 있겠지 그리…

자연을 사랑하자

정애야, 니는 서울 살아도 사투리는 안 까묵었네. 도시 살다가 와 시골로 들어왔노?

그래 말숙아, 반갑다야. 궁금하제?

허 궁금타, 도시 살다가 오기 싫어할 낀데~~

하루는 남편한테 '인자 아들도 다 커서 저거 밥벌이 하고 사니께 우리도 늘그막에 여유롭게 살고 싶다' 했디만, '그람 시골로 내리가까' 그카데. 둘 다 고향이 시골이니께 오지 안 그라마 오겄나?

그렇제? 웬만해서는 시골 안 올라 칸다. 백화점이고 극장이고, 병원이고 다 가찹아야 되고 서글퍼서 올라 카겄나?

요새 시골 와서 사는 홀애비들 많더라. 가족캉 떨어져서…

기러기 가족이 따로 있나 그런 기 기러기 가족이지

그래 맞지, 울 동창도 혼자 내리와서 부모한테 물리받은 밭이 있어 가꼬 사과농사 짓더라. 그래도 마느래가 반찬은 택배로 부치는 갑더라

그건 그렇고 너거 아들은 어데서 머 하노?

아들? 천안에서 조그만 공장 운영하고 있지. 직원이 생산직까지 삼십 명 된단다

그렇나, 머 만드는 공장이고 갈치조라

머 이것저것 재난이 생겼을 때 쓸 수 있는 제품들 맹근다 카네. 지진이 일나든지 폭풍이 오든지 재난이 생기마 소식은 들어야 하는데 전기 끊기서 티비 나가고 인터넷 끊기고 휴대폰 안 되마 오짤끼고?

아이고 생각마 해도 살 떨린다. 먹통 되고 애터져 죽지 머. 깜깜한데 불안할 거 아이가?

요즘 같으마 재난에 대비해 준비를 해 두야 되겠더라

너거 아들 첨단을 걷네 똑똑하다 야! 대충 이야기 좀 해봐라

나도 상세히는 몰랐는데 아래께 아들하고 통화를 했는데 그런 걸 만든다 카길래 물어봤다 아이가. 재난 때 쓰는 라디오를 맹근단다

그럴 때 쓰는 기 따로 있남?

니도 모르제? 재난이 발생하마 기본적으로 라디오는 있어야 되는데 이름하야 재난방지 라디오란다

그걸 오짠다 말이고?

그렁께 말이다. 자가발전 핸드 머라카던데 그기 있어 갖고 전기나 밧데리 없이도 충전이 가능하고, 태양광 충전도 된다 카네

야, 오째 그런 걸 다 맹그노? 너거 아 어릴 때부터 총밍하디만 중요한 때에 한 건 하는 갑네. 세상에 빛이 되는 일을 해야제. 기특하네

그라고 또 있다 카더라. 휴대폰도 긴급으로 충전도 되고 응급사이렌, 후레쉬, 온도계, 긴급점멸램프 뭐 이런 비상시에 쓸 수 있는 기능들이 다 내장되어 있다 카더라 신통하제 제품

야! 기가 차네. 앞으로 꼭 필요한 물건이라 불티나게 팔리겄다. 내 꺼는 제끼놔라. 제품 동 나마 오짤래? 이럴 때 빽 좀 써보자. 너거 꺼도 제끼놓고 알았제?

그래, 알았다. 이런 빽은 얼매든지 써도 안 되겄나? 텔레비 뉴스에 빽 쓰는 거 보마 이거는 조족지혈이다. 사람들이 재난을 대비해서 물이니 음식이니 장아찌 종류들도 마이 저장한다 카데. 이 라디오도 대중화되고 하마

밤낮없이 공장 돌리야 될 끼다. 마이 찾을 거 아이가

그렁께, 코로나 봐라 사람들의 라이프 스타일을 완전 바까나뿟다. 이것도 재난 아이가? 확진자 생깄다 카마 초긴장이다. 누가 걸맀는지 알 수가 있나? 바깥출입도 줄이고, 그것도 내성이 생깄는가 인자 집구석에 있는 기 핀하데

아이고, 바이러스 하나로 이러키 난리 벅구통이다. 만물의 영장이라는 인간이 꼼짝도 몬 하고 참 힘없네. 따지고 보마 교통사고나 암으로 사망하는 숫자가 더 많다 카는데. 그런데 이런 거 하나로 마스크 끼고 몇 달이나 벌벌 떨고 살아야 되나? 인간으로 태어난 기 오늘따라 참 답답다. 우리가 자연을 잘 돌봐야 된다. 그래야 자연도 우리를 돌보지 안 그러나?

너는 이거보다 더한 재난이 닥치마 싶은 생각도 있제? 너거 아들 부자 되고로….

헐~ 야가 시방 무신 귀신 씻나락 까묵는 소리 씨부리쌌노? 아무리 돈만 있으믄 귀신도 부리는 세상이라 카지만, 끔찍하다 야. 돈 안 벌어도 조응께 이건 아이라꼬 봐.

사람이 움직이야 경제가 돌고 같이 묵고 살 거 아이가. 니 말 맞다나 우리 아들이야 똑똑항께 머신들 몬 하겄노 안 그러나?

재난이 닥치고 보마 우리가 얼매나 맘 핀하게 살아왔는지 새삼 느낄 낀데 그자

그렁께 말이야, 말 없는 자연이 인간들에게 주는 혜택이 무한한데도 인간들은 그걸 모른 채 자기 앞가림하기 바뿌게 살아가니 마이 서운할 때도 있으까? 아님 인간 본성이라 생각하고 있으까? 묵묵부답 자연이 오늘따라 새삼 고맙고 감사하네

인간인지라 잘 이자뿐다. 그런 맘 들다가도 재난 끝나고 나마 말짱 도루묵 될 끼다. 인정하제?

자기관리

갱식이가 미느리 본다 카네. 들었나?

그라마 들었지. 한 동네서 그거 모르겄나? 눈마 뜨마 밤새 일어난 소식인데 모르마 등신이지 안 그렇나? 그나저나 춘구 너도 사우 볼 때 안 됐나?

그러게 말이다. 되기는 됐는데 아가 일이 쫌 있어 가꼬 남친이랑 갈라섰단다

와? 뭔 일이 있었노. 말하기 애럽나? 거북하마 안 해도 된다.

하~ 참, 거시기… 우리 아가 저거 남친한테 데이트 폭력인가 그걸 당해 가지고 입원했었다 아이가?

뭔 그런 일이 있노. 그래가지고 오째 됐노?

첨에는 말을 안 해서 몰랐는데, 몇 번이나 그랬는 갑지. 괜찮을랑가 싶어 참고 기다리다 도저히 안 되겠는지 딸이 하루는 이야기하더라

아이가? 마이 다친 데는 없나? 그래도 너거 딸은 말을 하이 다행이다. 말도 안 하고 혼자서 끙끙 앓다가 엉뚱한 짓이라도 하마 오짜노 그자

그나마 표티를 냉께, 그기 다행인지 불행인지 모르겄

다만 가가 순진해 빠져서 머시마 하나 잘못 새기 가지고 정신적으로 충격을 얼매나 받았을꼬 생각하니 맘이 내 맘이 아니여. 자다가도 벌떡벌떡 일어난다

춘구야, 너무 걱정하지 말거래이 너거 딸은 강단이 있고 똑똑해서 잘 헤치 나갈 끼다

확 ~ 그놈을 유치장에 처넣고로 고발을 했어야 하는데…

아이다. 하는 짓 봐서는 고발 아이라 쥑이도 분이 안 풀리겠지만, 헤어지기라도 했으니 불행 중 다행 아이가. 놔주다 안 하고 괴롭히마 오짜겠노. 쬐껨 더 두고 보자

호야, 너는 안 당해 봤으니께네 잘 모르것지만, 한 번 그럴 때 신고를 했어야 돼. 적극적으로 대처를 해야지 안 그렇나?

옛날에는 호래이 무서버서 못 다녔는데 지금은 퇴근 하고 일찍 안 들어오마 올 때꺼정 맘 몬 놓는다. 그기 호래이보담 더 무섭다

그렇겠네, 요새 헤어지놓고도 스토킹하는 놈도 있고, 지 맘 몬 잡는 걸 괜스리 남한테 분풀이하는 놈도 안 있

나. 오쨌든 조심하라 케라

묻지마 폭행도 많더라 아이가? 특별단속이니 합동전담반이니 있다 캐도 폭력 휘두르는 놈들이 겁을 내나 말이다. 그라고 생각도 안 하고 있는데 느닷없이 폭행을 하니 순간 방어가 쉽나 말이다. 안 당하고는 몬 배기지

허~ 참, 그라마 호신술이라도 한 가지 배우믄 좋겠네. '주짓수'라꼬 머 그런기 요새 여자가 남자 이기는 호신술로 인기라 카더라

흐흐 참, 무작정 고함을 지르믄 더 큰 화를 당할 수도 있고, 목숨이 위험할 수도 있으니 그것도 좋은 방법이네. 경찰들도 빈틈없이 한다 케도 한계가 있을 거 아이가?

그래 말이라, 아가씨들 하이힐 있제? 그것도 좋은 무기다.

삐딱구두 말이가?

그래, 와 그런고 하니 만약에 괴한이 뒤에서 공격한다 치자 쪼삣한 부분으로 발등을 짓이기든지, 촛대뼈를 까든지 낭심 급소를 걷어 차 뿌리마 오짜겠노. 아파서 나뒹굴어질 거 아이가. 그때 빨리 도망쳐야지. 그라고 신고

도 하고. 힘으로는 안 될 끼고 될 수 있는 방법을 우선 택하는기 현명한 거 아이가

그것도 좋다만, 더 좋은 것도 있다카이

또 있다꼬?

후춧가루를 핸드백에 여 갖고 댕기다가 눈구녕에 확 뿌리 삐든지, 또 전기 충격기도 안 있나?

하이고 듣고 보이 무기가 많네. 일 당하고 봉께 챙기보게 된다 그자

야! 말이다. 청소년들도 가정폭력에 노출된 아~들이 학교에서 가해자가 된다 안 카더나. 가정에서 부모가 폭력을 휘두르마 가들이 밖에 나오마 또 폭력을 쓸끼고, 피해를 입은 아들은 또 이를 갈 거 아이가? 그라마 또 가해자가 되는 기지

아이고 참, 피해와 가해가 톱니바퀴 맹키로 물리서 돌아가네

양지가 있으마 음지가 있듯이 모든 기 다 양면성이 안 있더나

그러게 사람이라 카는 기 감정이 앞서고, 그 감정에 충실하다 보이…

결자해지結者解之

야, 순동아 굿모닝이다. 아침운동 가나… 요새 우째 지내노?

히히 아버님, 일찍 기침起寢 하싰네예. 잘 있심더, 별일 없으시지예?

아이고, 우리야 이 나씨에 아침에 눈 뜨마 잘 있는 기지 머, 세월이 좋다 보이 이 나씨에도 살아서 움직이지 옛날 같으마 벌씨 저승에 발 딜이놨을 낀데… 에헴

그래도 건강하시니께 산책도 가시고 보기 좋습니다. 만수무강 하이소

우째 살림은 잘 하고 있는가? 자네도 건강 잘 챙기고

예 어르신, 잘 살고 있심더. 자빠지마 안 되이께네 조심하시소이

헉헉, 시절 값 하네. 한 걸음 띠마 땀은 열 방울 흐르니 나락도 잘 익겠다. 저것 좀 보소 개새끼는 와 산책로에 디꼬 와서 낑낑거리고 뒷다리 들고 찌랄인지 원

머라꼬 궁시렁이요 행님

어, 순동아 아침에 운동 나왔나? 너거도 아가 없으이

께네 개 딜꼬 사나?

아이요, 개 있어도 마당에서 놀고로 두지 집 안에 딜이놓고 물고 빨고 안 하요

요새 반려견인지 애완견인지 인간보담 대접이 좋다. 천지도 모르고 돌아댕기제. 똥오줌 다 치와주제, 목욕시키주제, 마 인터넷에 보이 복날이라꼬 수제 삼계탕도 따로 나오데. 아이고 아무리 개 같은 세상이지만, 사람이 개만도 몬 하기 생깄다

행님 머라카요? 그거는 아무꾸도 아이라요. 개 유치원도 있고요, 개 주인이 엄마라요. 개 유치원도 등급이 있어갖고 비싼 데는 줄 서서 기다린다요. 그라고 입학시키 노마 수시로 들다봐야 되제 운동회 가야 되제 쪼매 낑낑거리마 원장한테 엄마는 불리가요. 그라고 개 생일 되마 손님을 초청해서 잔치하요. 그라마 돈다발 들어오요. 저거 아 생일이라꼬

글나? 아이고 말세다 말세. 개판 오 분 전이 아이고 개파이네. 천지가

세상이 개파이 아이가, 그래도 우리가 정신줄 똑바로

잡아야지 안 그렇나?

그래야지요 행님, 정신줄 안 놀라카마 우째 살아야 될 낀지 나도 갈피를 몬 잡겠소

우짜던지 6개월이나 바이러스 땜에 옴짝달싹도 몬 하는데 이거 인간이 다 맹근 거 아이가. 인간들이 환경이니 동물이니 생각도 안 하고 들이대기만 항께로 안 그렇나?

지끔부터라도 바로잡을 건 잡아야지요

저번에 신문에 써 놓은 것도 보이 일리가 있더라카이

무신 내용입디까?

그기 그렁께 공장식 시스템으로 돌아가는 곳에서 생산하는 가축이랑 작물 있제. 그것들은 유전자 구조가 단일해서 소규모 농가에서 키워진 것들하고 비교하마 면역력이 월등히 약하다카네

그라마 우째야 돼요?

우째야 되는 기 아이라 그리 생기묵은 기라. 좁은 데서 스트레스 받고 갇히 있제 그라마 또 항생제 믹이제 하이께. 그게다가 환경을 마구 파괴시킹께로 야생동물

들도 개체수가 줄어들고 하이 바이러스가 숙주가 없어질 거 아이가? 그렇께로 면역력 약한 것들한테 붙겠지. 그라마 그것들은 농장 노동자들한테 올라붙고, 기업들이 만든 판로를 따라 전 세계로 순식간에 퍼진다꼬 써 놨더라.

그라마 지구 곳곳이 독감이니 에볼라니 신종 감염병이 생기고 전염이 되고 지속적으로다가 이어지겠네요. 헐~~ 알고 보이 무섭네

감염병도 백신 개발해 놓으마 그새 변종이 생기가~ 약효도 없고, 백신 개발보담 동물복지가 중요하다꼬 안 하나? 원헬스라꼬 써 놓았데. 동물이 건강해야 사람도 건강하고 지구도 건강하고… 질병으로 여기고 치료를 할라꼬 드니 그새 변종이 생기고 나 잡아봐라 숨바꼭질하는 것도 아이고, 동물이 불행하마 인간도 행복하지 않다꼬 경고하고 있더라

행님, 행님은 아는 것도 많소. 인자 보이 동물복지 한다꼬 개판 되는 갑네. 우찌 됐든 좋은 정보 들었십더. 지는 잘 몰랐네예. 작은 동네에서부터 실천하다 보믄 언젠

가는 한 마음이 되것지요. 나부터 실천하는 기 중요한 거 아잉기요?

그렇나? 테레비 겉은 데도 안 나오더나? 순동이 너도 살림 채리디만 아우라 장난 아이네. 똑똑한 제수씨한테 배왔나? 크크 너도 개 새끼 한 마리 키우민서 가랑 노는 거 동영상 제작해가 유튜브 올리라. 재미 있으마 사람들 볼 끼다. 그라마 돈도 벌고… 우리가 개 갖고 너스레 떨지만도 세상이 하도 답답하이께 안 카나? 개파이 되고로 내비두마 되것나?

아이고 잘은 모르것지만, 듣고 보이 무섭네요. 인자 작물이고 동물이고 너무 획일적이고 신속하게 대량 생산에만 주력하다가는 같이 망하는 꼴이 되기 생겼으이 머리 싸매고 고민 마이 해야 되겠네요

마, 너무 알마 머리 빠개진다. 전문가들 뒀다 머할끼고? 문제 제기해 놨으이 가들이 궁리 하것지. 너나 나나 우리 선에서 할 수 있는 거 하마 된다

기다림

아이구 야야, 아침밥을 묵어야지 머라카노? 난 아침 굶고는 몬 산다

누님, 인자 핀하기 하이소 마, 나는 안 묵어도 배 부리요. 간단하기 묵든지

차암, 순동이 너도 인자 누님이라 카지 마라. 우리 부부 아이가, 여보야라 캐라

잉? 온제부텀 그러키 너그롭아졌소? 큰소리 빵빵 치는 바람에 주눅 들었고만

전에는 아들 겉이 거다 믹이고 하디만, 어찌나 큰소리 치고 대들던지 원~

내가 그래도 누님 아이가, 니가 냄편이라꼬 기 오를까 봐서 내가 기선제압하니라 그랬다아이가? 여보야, 그러키 주눅까지 들고 순진한 신랑 맘 쫄이서 간이 콩알만 해졌겠네. 인자 맘 놔라. 그기 내 본심은 아이다

믿어도 되는 기요?

그람 니가 안 믿고 오짤끼고. 내뺄끼가?

내빼기는? 색시 갈아 치우까 생각 중이오

머라꼬? 디지고 싶나 콱 고마? 야가 식전 댓바람부텀

쎄게 나오네. 너 올 아침밥 굶어라 이런 왕싸가지야

아따 누님은 군기 잡는다꼬 그캤는지 몰라도 나는 말이오, 내가 결혼을 잘못했나? 불안장애에 대인기피증까지 올 지경이요. 연못에 무심코 던진 돌에 개구리는 생사가 달렸단 말도 안 있디오? 옛말에 냄편은 하늘이라 카던데, 그라마 냄편을 섬기야 되는 거 아이요?

그거는 옛날옛적 호래이 담배 푸는 시절 이야기다. 요새는 세 여자 말을 잘 들어야 된다 안 카더나? 마느래, 네비년, 네이버년 크크크

그거는 여자들이 만든 거 아이가? 내가 아무리 여보야 보담 나(나이)가 적기로서니 아들 대하듯이 그라마 되는 기요? 옛날 서방 받들듯이는 몬 해도 서로 존중해야 되는 거 아닌감?

히히 듣고 보이 쫌 그렇네, 니 가슴이 시퍼렇게 멍들어 우짜노? 내가 냄편하고 살아본 지가 오래돼 갖고 자꾸 모성애가 발동을 하네. 여보야! 내일이마 마느래가 좀 나아질려나 생각하고 하루하루 보내봐라. 그라마 지도 생각이 있을 거 아이가?

그라고 가게는 오짤라요? 편스토랑 한다 카디만 하든지 아님 세를 놓든지 해야지

마, 전에 하던 대로 찌개 낄이고 막걸리 팔고 하마 젤 편하기는 한데 인자 건물도 새 건물이라 아직도 궁리 중

인자 돈도 벌 만큼 벌었고, 재혼도 했고 하이 쉬소. 냄편 따뜻한 밥이나 해 믹이고, 곱게 단장이나 하고, 돈은 내가 벌어 올끼요

생각해 보자, 그것도 좋은 방법이네. 놀마 좀 심심키는 하것지만…

그람 소설을 써 보든지? 노니 염불한다꼬, 안 하던 것도 해보고 인생 머 그리 기요? 금방 환갑 진갑 칠순 팔순 되마 산에 누븐 기나 집에 누븐 기나 같을 낀데…

머라꼬? 나보고 소설을 쓰라꼬 옘빙?

와? 소설가 선생님 안 있는 기요. 그 가서 배우믄 되지. 혹시 아요? 신춘문옌가 그런 거 당선 될랑가. 타고나는 재주도 있것지만, 숨은 재주가 있을지도 모릉께 크크

소설 쓰고 있네. 그리 재주 있으마 니가 써라

누님, 굴에 든 뱀 길이를 오째 알끼요 안 그렇소? 해

보다 안 하고…, 나한테 하는 말솜씨로 봐서는 누님한테 소설 쓰는 건 아주 타고난 재주요

니가 지끔 날 갖고 노는 기가? 복수하는 거는 아이제?

내가 누굴 갖고 논단 말이요, 싹수가 있어 보잉께로 권하는 거 아이요. 그건 그렇고 여보야! 우리가 지끔 말씨름이나 하고 있을 때가? 비도 오고 할 일도 없응께로 몸씨름이라도 한 번 해야 안 되나?

머라카노, 심이 남아도나? 야가 아침부터 흰소리 해쌌디만

밥 한 끼 굶는다꼬 죽을 것도 아이고 체민 따지지 말고 생각대로 실행 좀 해보자. 머든지 하고 싶을 때 하는 거 아님?

그래, 니는 참 젊다. 우리가 궁합이 잘 맞는 줄 알았디만, 인자 봉께 쪼매 의문시럽네. 히끄무레 해가 넘어가야 입맛이라도 다시지, 멀건 대낮에 숭축스럽다 참아라 쫌

여보야, 생각날 때 덧떠 봐야지. 힝, 자기 너무하다

쬐끔만 참아라 마, 애끼고 참고 하다가 묵으마 더 꿀

맛인 거 아나? 우리가 이팔청춘도 아이고 어둑발 들마 입맛 다시 보던지. 진 밤에 미영실만 잣을 끼가?

하~~ 여보야, 고집불통 상전이 따로 없네. 두 손 두 발 다 들었다

야가 야가~ 마시멜로 이야기도 안 들어봤나~

정신무장

어휴~ 쓰레기 좀 봐여. 여게가 쓰레기통인가? 저거 집구석 마당에는 안 버릴 낀데 오짤라꼬 이 지랄인고 원, 지 쓰레기 지가 가지가믄 이런 일이 없을 낀데 차~암 아습다

항구야, 이 아침에 와카노? 누가 멀 내질렀나

행님, 이거 보이소, 밤새 낚시질하로 왔으마 고기나 잡아 처묵을 일이지 온데 썩지도 않는 일회용 플라스틱이니 스티로폼 아잉기요? 알라도 델꼬 왔능가, 아 기저구까지 내삘랐구만, 몹쓸 종자들, 세상에서 젤 무거운 기 눈꺼풀이라 카던데 눈꺼풀이 무겁지도 않던가?

아이가… 그렇네 환장헐, 저수지가 무신 저거 재활용품 집하장도 아이고, 쓰레기통도 아이고 저것들이 하나만 알고 둘은 몰라요

행님, 그거는 무신 소린기요?

야야 봐라, 이 저수지는 농사철에도 쓰이지만도 저것들 입에 들어가는 수원지 아이가? 썩은 물 아가리에 들어가마 저거가 빙 안 들고 배기나? 빙밍도 없이 시름시름 앓는 거… 들어나 봤나, 수은중독 돼가 '이따이이따이

빙' 이라꼬 옛날에 일본서 말이다. 이것도 그짝이지

양심불량들, 이러키나 버리노마 어짜라꼬? 내비는 손 따로 치우는 손 따로, 누구 손은 공주 왕자 손인가?

어무이 나오싰는기요? 물가에다가 이러키 쓰레기를 흘리 가지고 우라통 터질라 카요. 전에도 청년회 회원들 나오라 케가 치왔는데 또 이래놨네요. 오짜마 좋겠능기요?

그래 청년들 케봐야 누가 있노? 서너 밍 아이가? 너거가 애묵는다. 빌어 처묵을 놈들 손은 뒀다가 머 하는고? 물괴기는 건지 처묵으민서 쓰레기는 이따가… 내 손이 내 딸이다 카고 들고 가지. 씨시티빈가 그거 없나 차 번호 찍어가 고발해 뿌리라, 해도 해도 너무하네

한두 분도 아이라꼬요. 농어촌공사에 연락해도 속수무책이고, 군에 연락해도 특빌한 대안이 없어요. 오는 것들은 눈도 꼼짝 안 하요, 보는 우리만 속상하구만…

저거 집은 아파튼가 쓰레기 버릴 데가 없는 갑다

와 아이라, 아파트는 들고만 가믄 분리수거통 잘도

해 놨을 낀데 차 있것다 머시 무겁다꼬 안 들고 갔능고? 주인의식 꽝이다

쯔쯔, 우리가 우리 동네 깨끗이 보존하고로 봉사라도 해야것네. 행님 또 청년회 부르소 마, 쳐다보고 툴툴거리기만 하니 속만 상하고 안 되것소. 눈에 안 보이야 속도 덜 상하지. 어무이 안 그런기요?

그래 항구야, 니 맴이 어찌그리 너르노? 참말로 바다 겉이 너르데이, 이름이 항구라서 그런가? 호호

어무이도 참, 쑥시럽고로. 지 맘이 원래 바다 겉이 넓으라꼬 아부지가 항구로 지었다 카디요. 얼매나 너른지 모르것지만…

그람 바다로 짓지, 항구는 머꼬?

울 오매가 카는데 바다로 지으마 너무 많은 걸 안아야 돼서 힘들다꼬 힘든 사람들 들오마 쉬라꼬 항구로 지었다요

그렇구만, 그러키 깊은 뜻이 있구만

항구야, 지끔 세월이 어떤 세월이고? 영화에도 안 나오더나? 몸속에 마이크로칩이라꼬 그런거 박아 놓으마

이런 인간들 때리잡기 어렵지 않을 낀데 그자?

행님, 맞는 말이라요. 스웨덴에도 및 년 전에 사람들이 생체인식 칩을 심었다 카디요. 그라고 미국 IT회사도 희망하는 직원들은 칩을 심는다 카더라꼬요. 그랑께 그기… 생활을 편하게 하는 것도 있지만, 사생활 침해 논란도 끊이지 않으니께 오떨지 모르것지만, 어쨌든 간에 차츰차츰 사람들 몸에 하나의 장기처럼 일부가 되지 싶소

맞다 항구야, 로봇이 몸에 들어가 수술도 하고 치료도 하고 그라마 인간이 할 일이 있것나? 인간들이 머리 싸매고 연구해서 맹글어 가꼬 도로 인간한테 사용하니 부메랑이 따로 없제? 알파고 봐라. 인간이 로봇한테 진다 아이가. 그라고 아나운서니 변호사니 모든 기 다 가들이 하니 인간들은 머 하것노? 인간이 만물의 영장이라꼬 큰소리 치고 살아왔는데 가들한테 뒤통수 맞것네. 지 눈구녕 지가 찌른 기제?

허허 행님, 가들이 대체할 수 없는, 사람만이 할 수 있는 일을 맹글어야 될 낀데… 화가니 시인이니 운전이니 교사니 모든 분야에서 가들한테 몬 당할 낀데. 그렇다꼬

개발을 멈추지는 몬할 거 아잉가베요?

항구야 참, 딜레마다 그자. 그라고 갈수록 입지도 좁아지고 가들보담 한 차원 높은 정신세계를 맹글던지 해야지 안 그라마 사람 구실하기 애럽기 생깄다 그자

차암 행님도, 무신 수가 생기겄지요. 우리가 촌에 앉아서 이런 걱정도 다 하고 세련됐다. 나름대로 연구해 보입시더

기회포착

언니야, 인자 날씨가 아침저녁으로 썰렁하데이. 세월이 오찌 이리 빠르노 그자. 시간이 가로질러 가나?

난 가을을 타나 봐. 스산하게 바람 불기 시작하면 어쩐지 쓸쓸하다. 허파에 바람이 드는지 무시 바람든 거 맹키로, 아무짝에도 못 쓴다 카던데 바람들마…

오! 외로운 천사여!
가을은 너를 닮았구나
나의 쓸쓸함을 채워 줄
그리운 마음 폭풍처럼 꼭 안아 줄
님은 어디에 있는지

온니! 짱이다. 우리 온니가 온제부텀 시인이 되셨남?

야, 내가 이래 봬도 학창 시절에는 날맀다 아이가? 시만 썼다 카믄 국어 샘이 교실 뒤쪽 비렁빡에 떡하니 걸어 놨었다

그러키나?

니는 몰랐제? 내가 오째 놀다 보이께 잘 몬 걸리가 발목 잽히서 농태꾼한테 시집 오는 바람에 자외선에 농

약에 스트레스에 찌들어서 그렇지 속은 여리여리 말랑말랑 청순가련이다

레알? 온니야, 난 온니의 멋진 모습 첨 봤네

사람 볼 줄 모르네. 너 아직 멀었다

하하, 거죽이 하도 빡쎄서 속도 그런 줄 알았지. 온니 지금껏 그랬지만, 나랑은 찰떡궁합, 맞제?

그나저나 니 맘에 든다 카이 나도 기분이 째진다만, 온제 나이는 이러코롬 먹었는지 가는 세월이 아숩을 뿌이다

온~니, 그 머시냐… 사인머시켓인가 시퍼런 포도 있제. 와 씨도 엄꼬 달달하고 연한 거 안 있나? 오늘따라 온니가 그 맛처럼 느껴지네

하모, 영감 할마이들 좋아하는 거 그거 말이제?

그래 맞다. 비싸다 아이가. 아직 사 묵기는 쪼매 비싸더라. 머 하기사 요새 채소고 과일이고 안 비싼기 어데 있다. 농민들 노고를 생각하마 그래는 주고 사 묵어야 되지만도 그기 농민들 주무이로 다 들어가나 오데

그나저나 야야~ 그 사인머시켓 있제, 그거 그래도 아

직은 흔하지는 않잖아? 식이네가 농사 안 짓나? 메칠 전에 도둑맞았다 카더라

맞나 언니야? 얼매나 묵고 싶었으마 그랬으꼬?

묵고 싶어서 그랬겠나? 따다가 돈 할라꼬 팔아 묵었는 갑지. 반을 다 따갔다 카는데…

옴마야! 우째 그런 일이?

그건 아이지, 주인도 농사 짓는다꼬 태풍에, 비에, 자나깨나 밭에 나가 노심초사했을 낀데 말이라. 호래이는 오데 가서 굶고 있는지, 복장 터진다

온~니, 뭣이든가 먼저 본 놈이 임자다. 애먼 돈도 먼저 집어묵는 놈이 임자다

그렇께 말이다. 아는 놈은 집어묵고 모르는 놈은 몰라서 몬 집어묵고, 세상이 그렇더라

기회를 잘 노리야 되겄네. 아빠 찬스니 엄마 찬스니 요새 시끄럽더라 아이가. 찬스를 잘 잡아라. 머니머니 해도 머니도 최고지만, 그기 최고다. 사람 사는 기 다 그런 거 아이가?

순간포착, 순발력 살아가는 데 참~ 중요하데이

바위꽃

야들아, 금원산 단풍 구경했나? 작년에 너무 좋더라 말 난 김에 가자. 오케이?

야! 가을은 가을이네. 단풍도 이뿌게 들고, 한 잎 두 잎 날리는 기, 갈바람이 쓸쓸하기도 하고, 허파에 바람 들것다. 금원산 바람 들마 좋겠제?

영춘아, 금원산 바람은 오떤데 너스레고? 오늘따라 참 심란한 갑다

식아, 머 어떤 기 어데 있노, 바람은 바람이지, 드는 데가 중요하지. 허파나 간이나…

글나, 그런데 금빛 원시는 어데로 가고 산 이름만 남았네

금 원시 저게 있네

오데 말이고? 안 비는데…

금칠한 원시 그 앞에 안 있나?

대끼 순, 저기 살아 있는 기가? 맹근 기지?

너거들아, 금원산金猨山 전설 들어나 봤나?

쪼깨 듣기는 들어봤는데 말해바라. 금원산이 어째 댔

다꼬?

이 산에서 말이여 금빛 나는 원시가 살았다네. 그기 하도 잘났다꼬 내띠 가지고 도사가 방구에 가다뿌리고 납으로 때왔단다. 그런 전설이 있단다

그놈이 와 그리 날띠고 그랬으꼬? 가마이 있었으마 가두지는 안 했을 낀데 말이지

그렁께, 사람들이 좀 알아줬으마 좋았을 낀데 말이지. 날띠는 놈도 이유가 있을 낀데?

그놈의 원시도 알아주는 놈한테 가서 날띠야 대지. 디나 개나 날띠 쌌다가 비락 맞았구마 안 그렇나? 눌 자리보고 다리를 뻗어야지

그기 손오공 이야기 아이가? 손오공이 그라마 우리나라 소설이가? 문바위 열고 들어가마 갇힌 손오공 꺼낼 수 있을 낀데 쇠때가 없어서 몬 연다

그라마 어짜믄 되겠노?

흐흐 참, 있지도 않은 원시 가꼬 시비고, 원시나 사람이나

머라카노? 시비 거는 놈이 택이나 되는 거 가지고 걸

더나? 택도 아인 거 가지고도 찍어 붙이마 말이 된다 아이가?

고마 주디를 잡아 째 뿌리지. 진실이 아인 것도 우기마 진실이 대고 천리만리 소문을 타고 날라 댕기고 안 그렇더나?

그래 말이다. 진실이 통곡하것다

그나저나 산 입구 문바위 있제? 그거 지내서 쪼깸 올라가마 커다란 방구에 마애삼존불상이 있던데, 표정이나 모습 이런 걸 봤을 때 고려시대 부처상의 특징이 있고, 1111년에 제작한 것으로 돼 있네. 경상남도 유형문화재 제37호다. 본존상 위에 삼각형으로 파서 빗물이 옆으로 흘러 내리가 본존상이 몬 젖게 조각을 해 놓은 것 같애.

그런가… 고려시대에는 불교를 숭상했으니 군데군데 이런 마애불이 있을 거 아이가?

모두 시대의 장인들일 낀데 매달리서 파 내자만 이만저만 고생이었겠나?

그래 맞다 요새 겉이 기계가 있나, 한 땀 한 땀 정과

끌로 때리고 파고 했을 낀데 그자

장인정신 아이가. 혼신의 힘을 다 하는…

그러키 큰 방구가 생긴 것도 신기하지만, 방구에 매달리 있는 뱀고사리 봐라 거꾸로 매달리가 있네. 사람이 봉께 매달렀다 마는 자들은 저기 핀한가 보오

대자연의 섭리를 미물이 어째?

셀프 칭찬이 좋더라

회장 온니~, 요새 머 하고 사요? 갈바람 부니 썰렁하네 옆구리

어, 총무야 옆구리 시리마 니 서방한테 가지 애먼 나 갖고 그카노?

아이고 마, 서방도 오래뎅께로 엉뚱한 짓이나 해 쌌고, 핑생 아~ 심바람시키듯이 대접이나 받을라 카고 몬 죽어 살지 머 재밌는 기 없다 온니야

그럴수록에 정신 채리라. 재미없을 거는 또 머꼬? 사람은 사회적 동물 아이가? 환경에 적응 젤 잘하는 동물이 사람 아이가? 너도 인자 시키 묵어라. 빽빽 기 오르고 코 씨게 나가라 마. 남정네들이 나 들마 목청 높이 싸도 소리마 크지 꼼짝 몬 한다

오짜마 대노? 좀 갤차 조봐라

코맹맹이 소리 내바라. 아이고 나 죽겄다. 허리 다리 안 아픈 데가 없네. 한의원에 침 맞아로 가까? 대학빙원에 검사를 받아 보까? 보따리를 싸까? 그 카마 지도 뜨끔할 거 아이가? 그라마 잔머리 굴리가 계산 대 보겄지. 오떤 기 싸게 치는지 안 그렇나?

크크크 온니~, 짱! 일단 그리 해 보까?

이봐요 저가부지, 내가 요새 몸이 성한 데가 없이 녹작지근한데 침을 맞아로 가 보까? 큰 빙원에 가서 진찰을 받아 보까? 입이 바싹바싹 마르네. 나 물 한 그릇만 떠다 주소

이기 손이 없나, 발이 없나, 간띠가 부었나? 안 하던 짓거리하고 자빠졌노?

니미랄, 하던 짓만 하마 심심해서 칸다 와? 니가 지끔 누야 한테 물 한 그륵 가지고 그러키 찌랄 할 일이가? 내가 이때끔 너한테 그런 소리 한 분 하더나? 시건텅무리 없는 아 딜꼬 살미 이 나(나이) 묵도록 떠받들고 내가 무신 팔잔지? 밥꺼정 떠믹이 도라 캤으마 기퉁배기 쩍 소리 나겄네

이기 올 저녁참에 와이카노, 낮에 머 안 묵을 걸 묵었나? 체했나? 아~도 아이고 한 볼티 맞고 접나… 와 그리 찌랄 떠노?

하던 짓만 하믄 심심하다 안 카나? 이 자슥아!

아따 디기 기오르네. 아나 떠다 주께. 기다리 바라

찡찡! (지가 코 씨기 나가마 올 조질라 캤디만…)

아이고 누님, 물 예 있소. 쪼께 더 엥기들마 누님도 나패겠소

그렁께 좋기 말할 때 단디 해라. 머니머니 해도 조강지처한테 엥기들고 이길라 카마 안 남아 나는 거 알고 있제? 나도 너거 집에 봉사도 할 만큼 했다 물심양면으로, 지끔도 하고 있지만 말이지…

마느래들은 나가 들마 여성호르몬인가 그기 줄어가 남성화된다 카디만 야들한 끼는 다 어데 갔는지 고슴도치 한 마리랑 동거하는 거 겉네

너 시방 머라캤노?

아, 아이다. 머 쫌 사다 주꼬, 죽이라도 낄이 주까?

치와라 마, 궁시렁거리싸 맛도 없겠다. 내 복에 무신?

울 누님이 올 머 땜시 이러키 열이 올랐노? 코로나 걸린 거는 아이겠제?

코로나 겉은 소리 하고 자빠졌네. 온제 철이 들랑고? 세 살 적 버릇 여든꺼정 간다꼬 속담도 있디만, 그기 참

말인 갑다. 내가 질을 잘 못 딜있네. 넘 탓 할 끼 있나?

온니야, 잔머리 굴리다가 대판 싸울 뻔했다

머가 잘못됐나 와 카노?

코맹맹이 소리도 들어 믹히는 사람한테 해야지 아무나 할 기 아이다. 내가 질을 잘못 딜이 가지고 안 하던 짓을 하이 순순히 받아 주겄나?

그라마 작전을 바까야지, 하루에 한 가지씩만 구슬리 봐라

그렇나… 크크 2단계 작전 좋아

그라고 셀프 칭찬이라도 좀 해봐라

온니야 셀프 칭찬이 머꼬?

셀프가 머꼬, 스스로 아이가? 니 스스로 칭찬을 하고 가슴도 다독이 주라꼬. 넘이 해 주마 부담스런께 안 그렇나? '이만 하믄 잘 하는 기다. 나는 가치 있는 사람이다' 꼭 남들한테 들어야 칭찬이 아이다. 메칠 전에 서울에 사는 친구가 전화 왔더라. 가도 쓸쓸한 게비더라. 괜시리 울적하고 남편도 비기 싫고 좋은 기 없다꼬 그카더라

단풍 들고 추풍낙엽이니 마음도 따라서 그런가?

너거 갱년기 넘었나? 걸배이 맹키로 돌아댕기지 말고 우짜던지 정신 차리가 우다서 살아야지. 우리가 정신 줄 놓으마 가정 풍비박산 난다. 재미 붙일 일 좀 찾아보자. 머 오떤 거 좋아하노? 조용한 거? 시끄런 거? 말마해라. 입맛대로 안 있나?

헤헤, 온~니는 좋것소. 긍정적이니 불평 없고, 나 겉은 사람이 너스레도 떨고…, 언니 말마 들어도 다 풀리뿟다. 인생 짜달시리 애 터질 거 있나. 바람 부는 대로 물결치는 대로…

오냐, 정답 나왔네. 스스로 잘 찾아요. 우리 말 난 김에 재미난 거 하고 살자

날 더 춥어지기 전에 새롭은 거 시작하자 언니야. 머부터 하지?

갑자기 카마 생각이 나나? 고민 좀 하자. 너 또 밀거이 걱정꺼리 생기가 잠 몬 잘라

허전한 옆구리를 보약 겉은 생각으로 채우까?

남 줄 거 있나

야야, 가가 오데 갔노. 요새 안 비네

아지매, 가가 누요?

와, 저가부지 방구에서 널찌 갖고 늑골 나가고, 다리 몽새이 뿔라지서 두 달인가 빙원에 드러누~ 있었다 아잉가베?

아, 아지매 그시기 말이가? 그 와 맨날 사람보마 헤벌쭉이 잇는(웃는) 아, 가~ 말이제? 가가 이름이… 입분이 아잉기요.

맞네 맞아, 가 요새 안 비네. 저거 에미가 아~가 하도 이뿌서 이뿐이 이뿐이 카디만도 오데 가 뿌릿노

아지매, 가는 벌쎄 직장 잡아서 출근하요

머라꼬? 그래 놓께 안 비는구만

근데 별안간 가는 와 찾는 기요?

가가 맨날 보마 착하기도 하고 생글생글 잇고 성난 얼굴을 몬 봤다. 부모한테도 효녀다. 그런데 요새 안 비길래 궁금해서 안 카나? 머 하는 회사고?

고속도로 입구에 요금소 안 있능기요 그게 다니요

그라마 그게는 아침에 갈 때도 있고 새복에 갈 때도

있고 그런 갑던데?

맞아요, 노는 날 아지매 보러 가라 카께요

너하고는 무신 사인데 니가 가라 마라 칼 끼고?

아이고 마, 카톡도 주고받고 하는 사이요. 머 그리 궁금해 싸서 아지매도…

그런 사이여? 먼 사이는 아닌디? 그런 아가씨 딜꼬 가는 남정네는 복 터질 낀데. 오데 중신이라도 하마 좋겠다 말이지

가~도 결혼할 때는 됐어요. 아지매 조카 있다 카디만 중신할라꼬 카요?

조카도 지난번 봉께 오데서 중신이 들어왔다 카던데 봤는가 모르겠네. 물어 봐야겄네. 가도 오떠키나 가리 쌌던지 중신하기도 애럽다

중신 그런 거 하지 마이소. 잘 하마 양복이 세 벌이고, 잘 몬 하마 뺌이 석 대라꼬 어른들 그러 쌌던데요

그랑께 말이다. 한 길도 안 되는 사람 속을 알 수가 있어야제

아지매요, 얼매 전에는 입분이랑 카톡하는데, 근무하

는 요금소 안에 안 있소? 그게 앉아 있으마 남정네들이 차 타고 가민서 윙크도 하고 야단이라 카디요

그기 무신 소리고?

아, 아이라요. 요새는 하이패스가 있는데도 요금소 안에 앉아 있으마 하이패스 도로로 안 가고 일부러 수동 요금소로 들어와서는 밍함을 주고 간다 케요

오짜라꼬?

그렁께요 오란 말인지 가란 말인지 밍함을 휙 던지고 간다네. 어떨 때는 50장씩 받을 때도 있다요.

그것들이 수작 거는 거 아니여? 혹시나 걸리들마 놀아 날라꼬?

아지매도 그런 거 아능교?

알다 마다, 요새 시상이 오떤 시상이고? 모르마 간첩이지 크크

전에 친구 마느래가 콜센터에 댕기는데 그게는 월급도 많다 케요. 그런데 전화 받잖아요. 그라마 '사랑합니다 고객님' 하이께 '니가 날 사랑한다꼬?' 하민서 만내자꼬 찡짜를 붙어서 성도 몬 내고 식겁했다 카디요

그래 세상에 십은(쉬운) 일이 오데 있노?

그렁께 말이라요

입분이가 참한 색시감이여, 여러 말 할 거 없다. 까똑만 팅기고 있다가 잡은 물고기 떨가 뿌릴라 빨리 낚아채뿌리라. 낭재 가슴 치지 말고, 준비된 자한테 기회가 온다꼬 그 말 들어나 봤나?

아지매 요새 와 그리 유식해졌어요?

내가 그래도 문해교실을 졸업한 사램 아잉가베, 글자가 빙께로 책도 읽고 일기도 쓰고 사는 질이 달라여. 내 핑상 까막눈 반꺼풀이나 빗기고 죽게 생겼으이 선상님이 고맙지

우와! 울 아지매 댓길이다 댓길👍👍

그랑께 사람은 배와야 혀, 배와서 남 주는감? 아이지, 선상님 봉께 남 주네

긍정의 힘

기사 냥반 요기가 어디여? 고창 아니여?

요게는요 거창입니데이. 거창 니리는 거 아입니꺼?

아이고! 큰일이여 큰일, 고창 가는 버스인 줄 알고 탔는디, 내가 너무 깊은 잠을 잤네 그려 이 일을 워쩌 막막허네…

그라마 요짜꼬요? 아재, 고창꺼정 다시 운전해서 갈 수도 없고 미치고 환장하겄네

허참! 기사 냥반 첨에 나보고 좀 물어보덜 않고 그랬지라?

거참, 거창이라꼬 안 써 놨능기요? 그걸 와 타 가지고서는? 속 뒤틀리네

차비 물어주소. 다시 고창으로 갈라면 대구로 나가든지 해야지 바로 가는 거 없잖여?

마, 고창 양반 자게가 잘 못 타 놓고 되레 큰소리요? 둘 다 실수가 있응께 반반씩 합시다

머라 허요 시방? 반반씩 하자구? 난 그래 못 허요 다 물어내소

이 냥반이 아침을 잘못 묵었소? 떼를 쓰고 그러싸요?

또 운행 나가야 뎅께로 비끼소 마

정말 미치고 환장 허것네, 나를 이꺼정 끌고 왔으마 지자리로 갖다놔야지 애먼 소리여?

머라캤소 시방, 지자리 갖다 놓을라마 찌랄한다꼬 차 타요, 돈 디리가미? 지 자리 있지

찌랄이 머당께? 알아듣게 말 허소

아재, 그라마 이라마 오떻겠소?

말해 보소이

다음 운행이 대구라요. 내가 대구꺼정 태워다 드릴 낑께 고기 가서 고창 가는 버스를 타는 걸로 합의 봅시다

그람 고창 가는 버스비 주소, 나는 돈이 없당께

아재, 나는 돈이 어데 있능기요? 요새는 돈을 안 받응께 현금이 없어요. 전부 예매를 해서 오니께 오데 돈이 있소 안 그렇소 아재?

기사 냥반 내가 원제부텀 댁네 아재요?

그라마 아재카지 이놈 칼 끼요? 별거 가지고 찡짜붙네

머라고라 이놈? 아이고 뒤통수 깨지네. 마 됐고 찔기기 그러덜 말고 십시일반으로다가 쬐끔 보태주마 될 낀데… 불쌍허지도 안 허요?

우리 사소한 거 가지고 핏대 올리지 맙시다 인생 빛바래요. 이런 거 아이라도 신경 곤두서는데 아재꺼정 와 그카요? 그라고 다음엔 꼭 확인하고 버스 타소 마. 까막눈도 아일 낀데!

머라꼬 까막눈? 너 시방 나보고 까막눈이라고라

아재 아이요 아이요. 이만 자리로 가보소 차비 이만하믄 되것소?

진작 그럴 일이지. 어차피 줄 거 곱게 건네 주덜 않고 뜸 딜이고 그러싸요?

아이씨! 올 재수 옴 붙었네. 엊저녁 꿈자리가 뒤숭하디만 꿈땜 했네 그려. 붙어 싸울라 카다가 꿈 땜시 접었고만, 내가 운전을 오래 하다 보이 요새 빌 희한한 일이 다 있네 그려…

사장님, 올 와 그러싸요? 기분 잽칬소?

어, 준이가? 여게는 온제 왔노? 그 사람도 거창 오고 접어 온 것도 아인데 마냥 화만 낼 수도 없고 올 액땜 잘 해뿌렀다. 큰일 날 거 민했다 생각해야지 머. 질 가다 보마 중도 보고 소도 보고 돌빼이도 차고 그렁 거 아이가?

사장님, 세상살이 참 녹록치 않소. 뜻하지 않게 곤경에 빠지기도 하고, 보이스 피싱도, 사기도 당하기도 하고, 비판을 받기도 하고, 남을 비판하기도 하고 안 그렇습디여?

그래, 준이 너도 인자 나하고 말동무도 되고 머리 쇠똥 벗거졌나 껄껄, 같이 늙어가네 그자

사장님 나도 어른이구만… 흥칫뿡

준아, 너 요전번에 안 좋은 일 있었다 카디만 오째 해결 잘 됐나?

마음이 마이 괴롭심더. 그래도 전디 볼라꼬예

그래야지, 모든 기 지나간다꼬 말도 안 있더나? 사람인지라 힘이 들고 세상이 끝난 거 겉이 그래도 반드시 좋은 날이 올 끼다. 긍정적인 힘이 있으마 다 지자리로 돌아온다. 긍정이 있으이께 부정도 안 있나? 그것도 허

락해 뿌리라. 또 노력하마 안 되는 기 있겠나 그자

예 사장님 고맙심더. 지도 더 노력해서 보란 듯이 살깁니더

암~~ 그래야지, 고통도 겪어 본 사람이 남의 심정도 알고 인생이 더 풍요롭다꼬 안 카더나

아이고 마 오늘 고마웠심더 사장님, 모든 사람이 거치는 필수코스가 고난이고 역경이라 카데예. 용기 백배 내서 살아 볼 끼요. 오짜던지 건강이 첫째라요. 사장님 그라고요 아까 이야기 한 그 고창 아재라는 사람 이야기 들어 봉께로 우리 집 반지하방에 일 년인가 세 들어 살았던 사람이던데…

헐~~

눌 자리 보고 다리를 뻗어

우리 동창회 오짜노, 한 해도 다 저물어 가는데 코로나 땜에 얼굴도 몬 보고 비대민 하라꼬 난린데 줌으로 만나까?

총무야, 여게는 청정지역인데 괜찮겠지 모이보자. 막달인데

그래도 만에 하나라는 게 있잖여… 서로 조심하는 기 좋지 않을까 싶네

그케, 뉴스 봉께로 2단계로 격상됐으니 만내기 애럽것다 그자 한둘이도 아이고…

그라마 우리 인자 신식으로다가 놀아 보재이, 늙어가미 우리도 젊으이들하고 통할라 카마 맨날 옛날만 고집하마 되것나 자랑도 아이고 배와야지

그라자, 연습 삼아 줌인가 그걸로 얼굴 보자 그라마 오짜마 되노?

숙자야, 그거 하나도 애럽을 거 엄따, 요새 아들이 마이 쓰는 거 안 있나 앱 그거마 하나 깔만 된다

그러나? 해 보지 뭐. 요새 겉이 좋은 세상에 머 그리 애럽다꼬

야, 우리 컴 다 열었나? 시방 시작해라 마. 좋은 시상이여!

난 어젯밤에 삐게이가 하도 시끄럽아서 잠을 몬 잤다. 달구 새끼가 삐게이를 열 마리나 까서 가다놨디 어찌나 삐약거리던지 원, 가들이 껍디기 까고 시상에 나온께 낯설어 그런지 시끄럽더라. 완전 토종 삐게이다

그렇나, 달구 새끼가 몇 마리나 되노?

콕(cock) 한 마리에 헨(hen) 다섯 마리다. 일부 오 처 아이가

홍근아, 너 시방 머라꼬 말했노, 알아 듣고로 말 좀 해라

종남아 공부 좀 해라… 배와서 남 주나, 영어 실력도 쌓고 치매도 예방하고 그라마 자슥들 애도 안 믹이제 일석삼조 아이가?

자가 올 멀 잘못 묵었나? 날씨가 춥어진께네 헤드도 얼어붙었나?

너 방금 머라캤노, 헤드가 머라꼬?

몰라도 된다. 헤드는 또 모르는가베?

너거 고마 싸우고 인자 올해도 한 장 달랑 남았는데 회장 인사말 먼저 하자

에헴, 올개는 여름에 비도 무진장 퍼부었고, 가을에는 땡빛이 내리쪼아서 농사 짓기가 애럽았제… 그따다가 코로나꺼정 잡치서 우리도 살기가 심이 들고, 외지에 있는 자슥들도 문 닫는 회사도 있고 하이께 서로 걱정마 하고 속수무책이니 맴이 마이 무겁네. 그래도 숨은 쉬고 살아야제, 원근 각지에 사는 친구들아 이래라도 얼굴 보이 무지 반갑고 고맙네

그래 회장님도 일 년 동안 수고했어. 천석꾼은 천 가지 걱정, 만석꾼은 만 가지 걱정이라꼬 카더라만, '해결될 문제라면 걱정할 필요가 없고, 해결 안 될 일이라면 걱정해도 소용이 없다'고 옛말도 안 있더나? 돌아가민서 재미있는 아야기나 하나씩 해봐라

그라까, 총무 너부터 하나 해여

있제, 신혼부부 두 쌍이 제주도에서 여행을 하는데 서울 토배기랑 갱상도 토배기라, 댕기다 보이 지갑 파는

가게가 있어 들렀어. 그래 서울 신부가 망사 지갑을 보디만, '자기야, 요새 이 지갑이 유행이래 나 이거 사 줘잉' 그캉께, '아이구 당신이 원하는데 사 주지' 그카더래. 이걸 보고 갱상도 신부가 질투가 나서 신랑한테 '보이소예, 지도 망사 지갑 한 개 사 주이소' 그캉께 신랑이 머라고 했께?

머라 캤는데?

맞차봐라

'와~ 돈이 덥다 카더나?'

하하하! 딩동댕~~ 영순아 똑똑다. 누가 갱상도 아이라 카나? 멋대가리 지지리도 엄따

그렁께 말이라 갱상도 중에서도 거창 아인가 몰라, 피곤타

아이고 총무야 그 서울 놈 땜에 갱상도 놈 욕 다 얻어 믹인다 그자

그래 말이여, 좀 고분고분하지는 안 하고? 색시한테 하루도 몬 배기고 쫓기 날라꼬…

에핀네들이 휴대폰 들고 무신 주접들 떨고 있노?

아이고, 누고? 우리가 모처럼 신식으로 노는데 끼어들마 송신하다

여게 돈 덥다카는 놈보담 더한 놈 있다카이…

<u>흐흐흐흐</u>~(단체)

햐!~ 화면으로라도 얼굴 보고 노이 좋다. 인자 시간이 어북 흘렀네. 아쉬움만 냄기고 또 마무리 해야겄다 서로들 인사하자

한 해가 저물어 가는 시기에 마스크 잘 쓰고 건강 잃지 않도록 해라 친구들아, 내년에 또 건강한 모습으로 만내자, 그때꺼정 굿바이!

힘을 기르자

덕동띠기야, 우리 문해교실 졸업했응께 인자 머 하꼬? 한글이 눈에 들어온께 재밌더라

힝님아, 그렇제? 나도 글자가 비니께 신기하더라. 나는 그래도 일주일에 두 분은 일기를 쓴다. 글자도 안 이자뿔고, 문장력도 늘고 진~ 밤에 시간 가는 줄 모르겠더라

동상, 훌륭하네. 오째 이런 학상이 있노 상 주야 되겄다

힝님아, 너도 한분 해봐라. 테레비만 보지 말고, 테레비보담 재미있다

그래보까? 올부터 동상 따라 해보자. 그라고 우리 인자 중국어 선생 불러다가 중국어 한분 배와 보까?

애러바서 하겄나? 한글도 인자 깨우칬는데 한글을 좀 깊이 있게 하는 기 안 좋겠나

그것도 그렇긴 하네. 한 가지라도 똑바로 해야지 안 글나? 한글 걸음마 아장아장 띠 놓는데 중국어가 머리에 백히겄나?

하이고, 한 과목만 하믄 재미 없응께 송장 될 날도 머

지 않은데 이것저것 따질 기 있나 오떤고 맛이나 보자. 예습복습 열심히 하믄 되것지

그라마 일단 우리 아~가 중국어 선생 잘 알 끼다 한 분 오라캐 보자. 정 애러버마 하지 말고

그래보던가…

선상님, 우리가 인자 한글도 깨우칬고 하이께 중국어 좀 해 주이소 마, 글로발 시대에 외국어도 한두 개는 알아야 되지 않겄소. 천천히 할 테이께네 선상님이 좀 답답하더라도 참고 갈치 주이소 마

아이구 아닙니더 어르신들 저야 좋지요. 있는 실력에 제가 하는 대로 잘 따라만 하시마 중국 여행 가서 중국어 해도 알아들을 깁니다. 한 분 해 보까예?

오신 김에 해 보이소. 들어나 봅시다

젤 먼저 하는 기 우리말로 안녕, 밥 묵었나, 또 보자머 이런 건데예 해 보께예. 니~ 하오마, 자 해 보세요

니 머라꼬? 우리보고 니라꼬?

아입니더. '니'가 당신, 너 이런 말입니더

그런 기요? 아이고 참, 니··· 하고, 마. 이렇다꼬?

예 어무이 니~하오마, 경로당에 오시잖아요 그럼 서로 '니~하오마' 하시면 안녕하세요, 밤새 잘 있었나 이런 인사말이 됩니다

아이고 그렇구나 '니하오마' 낼부터 얼굴보마 니하오마다

어르신들 연습 마이 해 오이소예

선상님, 까묵으마 오짜요?

어르신들 한글 배왔으니께 한글로 적어 드리께예, 다음은 밥 뭇나? 중국어로 해 보께예

'밥뭇나'는 '처팔러마' 따라 해 보세요

머라꼬? 처발랐다꼬? 아이고 중국이 대륙이 넓다 카디 무신 말이 이리 쌍스럽노?

하하하, 어르신들 처·팔·러·마라고요

선상님 우리가 답답지요? 우리 갈칠라 카마 속 깨나 터질 끼요

아입니더 어르신들, 처음이 생뚱맞고 어설프지 반복하다 보면 한글처럼 편해질 깁니더

그나저나 선상님, 중국이 우리나라를 무시 안 하요? 우리가 중국말 몬 한다꼬 그카요?

그 나라 사람들도 한국말 모르잖아요? 감히 지네들이 우릴 무시할 수 있습니꺼?

오데요, 전에 뉴스 봉께로 대통령이 중국 가설랑 대접도 지대로 몬 받데요, 그라고 같이 갔던 직원을 쳐도 찍소리도 몬 하고 그기 무시하는 거 아잉기요?

그렇지 힝님아, 테레비 안 봤나? 한국이 중국의 일부라꼬 안 카더나

어르신, 맞습니다. 중국에서 아리랑이니 김치 한복 삼계탕 전부 자기네들 거라고 떠들고 있어요. 백두산도 유네스코 세계지질 공원 신청을 해 놓았대요. 역사 왜곡에 맞대응이 필요한데 손 놓고 있으이 국민의 한 사람으로서 참 답답하기 짝이 없습니다

큰일이네 백두혈통인가 뭔가 그짝에서는 와 가마이 있는지? 이카다가 땅덩어리도 다 뺏기는 거 아니여?

그러게요 역사도 왜곡, 문화침탈도 도를 넘습니다

아이고, 백두산도 갈라 카마 북한으로는 막히서 몬

가고 중국으로 빼끼 몬 가는데 우리 학상들이 다 들고 일어나야겄네. 중국아, 너거 꺼나 잘 보존해라! 해라! 해라!

3부

일장춘몽

일장춘몽

점아 오데 갔다 오는데 아침 버스에서 내리노?

아 예, 이장님 아침 자싰습니꺼? 실은 어젯밤 꿈이 너무 생생해 가지고 인터넷을 뒤지다 말고 읍내 복권명당에 가서 로또복권 사서 오는 길입니더

로또라, 그거 아무나 되는 거 아일 낀데… 꿈이 얼매나 요란했으마 로또 살 생각을 했노 말이다. 무신 꿈이고 이야기해 봐라

꿈 이야기 아침에 하는 거 아이라 카던데 오짜지요? 그런데 로또 사로 갔디만도 억수로 줄이 길데요? 기대 반 장난 반으로 줄을 한참이나 서서 기다렸어요. 나 겉은 사람이 많은게비라요

너는 꿈이 아깝어서 갔을 끼고, 심심풀이로 간 사람도 있을 끼고, 한방에 쥐어 보겠다꼬 간 사람도 있을 끼고 기대 심리는 그래도 다 일확천금 아이가

지도 이런 건 잘 안 사는데 여행도 맘대로 몬 가고 뭐 짜릿한 게 없나 싶기도 하고 꿈을 꾼 김에 한번 사 봤어예. 다른 때는 꿈을 꾸고 나면 흐릿하니 기억도 잘 안 나는데 이번 참에는 너무나 생생하고 은근 좋은 징조가 들

어서…

젊은 사람이 그런 생각 할 틈에 생산적인 일이나 하지, 아무리 세상이 팍팍하지만 '혹시나'가 '역시나'는 안 됐으믄 좋겠다. 쯔쯔…

아이구마, 이장님 너무 비약해서 걱정하지 마이소마, 제가요 꿈에 원목으로 잘 만든 식탁이랑 의자를 메고 이사를 가는 꿈을 꾸었어요. 가구 꿈은 재물이 들어온다는 말을 들었던 거 같아서 재미삼아 사 본 기라예

내가 어릴 적에 울 아부지는 엄마가 신라 명장 김유신 장군 꿈을 꾸었다 캉께 그걸 돈 주고 안 샀나, 그래 가지고 노름판에 가서 따 볼끼라꼬 갔다가 그날은 완전 다 잃어뿟다 아이가

올 아침에 꿈 이야기하다가 주제가 엉뚱한 데로 흘러가는 거 아입니꺼?

니 꿈을 내가 저울질하는 것도 주제넘은 짓이다만, 세계적 통계에 따르만 복권 당첨 된 사람치고 제명대로 살거나 평범하게 사는 사람 한 사람도 없다 카더라. 점아, 안 되더라도 실망 말고 성실하게 살자 우리~

예 이장님, 지도 잘 알고 있습니더. 그라고 이장님, 아레께 내 친구가 와설랑 동네 귀촌할랑가 이것저것 물어쌌던데 오짜마 됩니꺼? 이장님이 좀 도와 주이소.

그렇나, 오데 살고 있노? 귀농귀촌센터 가마 안내해 줄 끼다

서울에 살고 있는데 고향이 그립어 오고 싶어 하네예

고향 좋지 머니머니 해도 어릴 적 살던 고향은 늘 가슴 밑바닥에 아련히 남아 있지

한번 오라꼬 하께예

점아, 복권 산 거 오째 됐노?

크크 이장님 말씀 듣고 꿈해몽 뒤지보니 가구는 재물과 관련은 있는데, 옮기는 꿈은 재물이 나가는 꿈이데요

만다꼬 복권은 사 가지고 설랑 신경 쓰이고로 하노? 내가 그래도 명색이 동네 이장이지만, 이장 자율협의회 감사고 농협이사도 기다. 애럽은 일 있으마 이야기하고 아침부터 버스 기다린다꼬 카지 말고, 읍내 갈 일 있걸랑 내한테 말해라 내가 해결해 주꾸마. 혼자서 복권은 사서

머할라꼬?

(찌랄하고 있네 그것도 감투가?) 예 이장님, 저도 심심풀이로 산 기지 뭐 큰 수확을 바라는 건 아입니더. 그래도 한 건 하마 불우이웃도 돕고 할 거는 많지예. 안 되마 복권기금 보태 주는 기고 걱정하시지 마이소

다음엔 복권 살 돈 있으마 나하고 콧구멍에 바람이나 쐬러 가자. 운전은 내가 하꾸마

머라꼬요, 지가 이장님이랑 갔다가 손가락질 받으마 오짤라꼬요?

손가락질은 와 하노? 이장은 아무나 하나? 그라고 복권이 될 확률은 일생동안 벼락을 두 번 맞을 확률과 비슷하다케. 넘볼 걸 넘 봐야지, 희망고문이라꼬 들어나 봤나? 아! 로또는 일장춘몽이라

유식한 우리 이장님, 맥 빠지는 소리 좀 작작~ 하이소

흐흐, 그런 말도 있더만, 아내가 '당신은 영원한 나의 로또여!' 하니, 남편은 당첨된 로또인 줄 알고 '그렇기나?' 하더래. 그러자 아내가 '하나도 맞는 게 없어 옘병…' 그카더란다 큭큭

인생이 로또 아입니꺼…

시상이 와 이렇노

선상님, 저 할배가 자꾸 나를 쳐다보네. 징글징글하다 오짜마 좋노?

어르신 와 그러시는데예.

저 영감이 자꾸 나만 쳐다보고 있구만, 늙었지만 나도 여잔데 말이라. 할 말이 있으마 하든지 참 얄궂다

어르신, 저 할아버지는 어르신 쳐다보는 기 아이라 치매가 있어갖고 고개를 똑바로 몬 들어요. 그래서 고개를 조금 돌리마 어르신을 쳐다보는 것처럼 보이서 그렇습니다, 어르신이 이해를 좀 해 주시면 안 될까요?

그렇거나 말거나 보기 싫다. 울 영감도 나 젊을 때 딴 여자 보고 댕기고 바람 피와 쌌디만 죽고 없는데도 생각하마 지끔도 주먹디 만한 기 솟는데

어르신 그럼 자리를 다른 데로 옮겨 드릴게요

선상님이 그래 줄랑기요 그라마 좋지요. 나는 지끔도 영감 보고지픈 맴 일도 없다

얼마나 고생이 많으셨습니까? 이제는 아무 생각 마시고 여기에 오셨으니 맘 놓고 지금을 즐기셨으면 좋겠어요. 어르신, 오리털 조끼는 누가 사 준겁니까? 따시겠

어요

따시요. 그런데 따시고 좋기는 한데 이 오리가 털이 다 뽑히가 여게다가 여 놨으이 오리를 도대체 몇 마리나 잡았을지 그 오리들 생각하마 잠이 안 오요. 오데 봉께로 오리 거위를 산채로 잡아다가 모가지 잡고 털을 뽑는갑데. 그래가지고 설랑 살리 놓으마 또 털이 날 거 아이가? 그라마 또 잡아다가 뽑고, 알 낳고 털 뽑히고 가들이 죽을 때꺼정 대여섯 번은 털이 뽑힌다 카네. 인간 겉이 잔인한 기 엄따

그러게 말입니다 어르신 오리뿐 아니라 밍크니 토끼니 동물보호단체에서도 난립니다. 복날 먹는 영양탕, 또 약품을 만들면 동물에게 실험을 하고 모두 동물 학대를 한다고 말리고 난립니더. 오리털 패딩 한 벌에 오리 스물다섯 마리 정도 들어간다꼬 카데예

맞나? 아이고 무시라. 오찌 그리 모질꼬 모질라, 털 뽑으마 아파서 소리를 얼매나 꽥꽥 지를 낀데 그걸 그래도 잡고 뽑는가? 소름 끼치네

그래도예 최근에는 동물 깃털이 아닌 보온용 신소재

가 쓰인다 카데예. 이걸 착한 패딩이나 비건 패딩이라꼬 캅디다. 동물보호 차원에서 차츰 이런 제품들이 늘어나지 않을까요?

복지사 선상 그라고 요새는 동물뿐 아이라 사람 학대도 올매나 하디요? 그저께도 테레비에 봉께 두 살배기아 하나 죽었데. 그러키 두드릴라마 머 할라꼬 델꼬 왔으꼬 차라리 시설에서 크고로 놔두지 사람 겉잖은 기 욕심은 있어갖고 거 머시고 아동수당인가 그거 받아 묵을라꼬 카는가 아~를 덜다가 찌랄하니 시상이 말세다 말세라 이리저리 말세네. 더 말세 되기 전에 나도 가얄 낀데 맘대로 되지도 않고 쯔쯔…

어르신, 너무 걱정하시믄 건강 해칩니더. 이 세상에는 별의별 인간이 다 안 있습니꺼? 음과 양, 긍정과 부정이 맞물리가 세상이 돌아가는 거 아입니꺼

에이고, 그 뉴스 보고 있응께 내 맴이 오찌나 우리(아리다)~ 하던지… 몸꺼정 전신이 우리~하디요

그러게요. 꽃봉오리 피기도 전에 전생에 무슨 죄가 많았던지 말입니더

선상 들어보소, 우리 젊을 때는 들에 나가 쎄빠지게 일하고 집에 와서 시부모 봉양하고 자슥들 거두고 그리 힘들어도 다 그래 사는 긴 줄 알고 찍소리 안 하고 살았는데 무신 놈의 시상인지 올따라 내가 한심하요, 복지사 선상 오째 생각하요?

어르신, 올 어째 몸이 안 좋습니꺼 우울한 말씀들만 자꾸 하시고 댁에 무신 일 있는 거는 아이지예?

일 엄따. 날이 날마다 똑같나? 이럴 때도 저럴 때도 있지

저희는 어르신들 잘 모시고 또 할 수 있는 일들 어긋나지 않게 하는 게 일 아입니꺼. 밖에 나가는 것도 쉽지 않으니 기분 전환도 할 겸 노래방 한번 틀어 보까예?

아이고 마 그라소, 우울해 봤자 내가 어찌 할 수 있는 것도 아이고 젊은 세대도 각성할 거는 하고 온고이지신 溫故而知新이란 말이 있잖여, 생각이 나서…

예, 잘 알겠습니다. 그럼 무슨 곡 틀어 드릴까요?

시방 유행하는 거 안 있나? 테레비 방송에서 바지 벗은 나훈아 가가 하데. 테스형인가 그거 틀어봐라. 테스형

한테 물어보자

하하하! 와 어르신 짱! 유행의 첨단을 걸으시네요

퍼뜩 틀어봐라 마, 속 천불난다 카이

공중空中파 여행

아요, 음전아 우리 골짝에 아 울음소리 들어본 지가 언제여, 참 살다가 이런 일도 있구만 요즘 같은 인구절벽 시대에 말이지

그렁께 말이요 힝님, 보배다 보배, 나라의 대들보. 세상 다스릴 종자 하나 태어났네. 우리 어릴 적 생각하마 한 집에 대여섯 밍씩 우굴거리미 살았는데 지끔은 하나도 키우기 애럽다꼬 난리니 우짜겠노?

그때는 낳아 놓기만 하믄 저거가 알아서 안 컸나, 그런데 지끔 봐라 물고 빨고 들고 홀홀 불어가미 키우는데 오째 키우기가 쉽것노 말이다 안 그렇나?

그래 히야! 탯줄마 끊어 놓으마 젖 믹이마 자제, 놀제, 저절로 안 컷나? 지끔은 봐레이 우유 시간 맞차서 타 주야 되제, 잠재와, 씻기, 아도 몸치할 끼다 하도 주물라싸서… 거기다가 맞벌이한다꼬 아를 딴 손에 맡기 놓응께 안절부절이다. 신경을 이중 삼중으로 안 쓰나, 돌봄 전담사들 전에 파업한다꼬 난리 쳤다 아이가, 그라마 그기 아들 볼모로 데모하는 거 아이가 이런 시상이 오데 상상이나 했나 말이라

음전아, 너거도 손주들 있제 어짜고 있노?

히야, 사돈이 봐 주고 있다. 가들도 맞벌이 안 하나, 사돈이 저거 집 옆에 살고 있으이 그나마 다른 사람한테 맡기는 거 보담 훨~ 맘 놓이지. 사돈이 고생이지만…

옛날에는 친정이랑 뒷간은 멀어야 된다꼬 그캤지만 요새는 오짜든지 가찹아야 된다. 지끔 세상이 좋은 것도 있지만 다 좋은 것만도 아이다

그래 말이라. 엄마랑 한창 애착 형성을 할 시기에 온종일 떨어져 있으이 아가 얼매나 불안하겠노. 그라마 심적으로 아가 편하겠나 그자? 지나간 여담이지만, 아들이 사람 젖을 안 묵고 소 젖을 묵응께 잘 들이받고 던지고 데모한다꼬 그 말이 한창 유행했었다 아이가, 이런 거는 말을 만들라꼬 했겠지만 말이지. 여하튼 세상은 급변하고 있어. 영화에서만 보던 일들이 실제로 일어나고 있고 우리가 다 몬 따라잡는다. 세상에는 머리 써서 계발하는 놈, 사는 놈, 따라 하는 놈, 즐기는 놈 카듯이 다 자기 수준에서 만족하고 살아간다 아이가?

히야, 그라마 우리도 여게서 만족하고 살아야 되나?

어째야 돼?

그야 뭐, 니 수준껏 해라. 계발을 하든지 만족을 하든지 즐기든지 사람은 다 지 생각대로 사는 거 아이가 누가 머라 칸다꼬 되더나? 지 좋으마 따라 하든지 하겠지. 우주여행도 하는 판에 머 그리 애럽기 고민하노?

맞아 히야, 우주여행 캉께 생각나네, 일론머스크라는 유명한 사람 있잖아, 우주비행사 태우고 우주정거장으로 떠났다 카는데, 무사히 지구로 돌아오마 우주여행 상품이 나올 모양이더라. 인자 뱅기 타고 우루루 몰리 댕기는 여행은 모두 마이 했을 끼라 그랑께 여행 문화도 마이 바끼지 싶다

우주여행 갑부들이나 가까 우리 겉은 사람은 꿈이나 꾸겄나?

돈 마이 들낀데 얼매나 들랑고?

전에 오데 과학 잡지에서 봤는데 민간 우주여행은 9박10일에 우리 돈으로 600억 원 정도 되는 갑더라

우리는 입맛만 다시고 꿈만 꾸다 사요나라 하겄다 그자

그렁께 우리 걱정은 하지 말고 오래오래 살아보자. 그라만 그때는 여행비가 디스카운트 되기도 하것지. 오래 살고 볼 일이다 머든 간에…

참, 죽기 아쉬운 세상이다. 개똥밭에 굴러도 이승이 낫다고 하디만…

그기 그래 되나?

정수야, 마 속도 답답고 한데 우리 수지비나 묵으로 가까? 막걸리도 한잔하고 날도 춥은데 오떠노?

그라자 요때 여행도 좀 댕기고 해야 되는데 꼼짝을 몬 하니 답답다 아이가?

세상 돌아가는 기 우리 맘대로 되는 것도 아이고, 사는 기 별거 있나

아지매, 우리 아재 입맛으로다가 얼큰 수지비랑 술안주 하나랑 막걸리 한 빙 주이소

좋오 씨, 아재 입맛이라꼬?

흐흐 우리 나이는 그래도 아재 입맛이요, 속에 들어가마 시원하고 칼칼한 맛 안 있능기요

그렇나? 그기 아재 입맛이네

아지매 우리가 이런 농이나 주고받고 그 재미라도 있어야 안 되겠능기요. 쪼맨 사각통에 관료들 얼굴 내밀고 한마디씩 하는 거 보마 섬찟하다. 야금야금 파 묵어 들어가마 종내 땅도 내 놓으라꼬 칼 판이더라. 천한 것들 쓸어버리든가 해야지 원. 싸거리 한 구디에 처여갖고 불을 지르든지 해야지 복장 터진다. 이카다 홧빙 날 거 아인가

모르겄다

야 종오야, 세상 참 답답제? 되는 기 엄써. 테레비 뉴스는 노 싸우고 찌지고 부동산은 하루가 멀다 하고 널뛰기 하제, 서울에서 널뛰기를 한께 촌구석까지 널뛰기다. 정수야, 그라고 머 하나 물어보자

물어보이소 아지매, 쎄기 물지 말고 뭔기요?

가뜩이나 갱기도 안 좋은 데다가 살기도 애럽고 한데 은행에 돈도 몬 맡기겠더라. 니미랄 이자가 있어야제. 쪼끔 있어마 일본 겉이 수수료 내고 맡기야 되지 싶더라

누가 아이라요. 그렇께노 모두 주식으로 몰리가 난리 아이디요? 은행 이자가 싸고 한께로 대출 내서 주식에 투자하고, 그것도 잘 해야 될 낀데 말이지

날마 새마 정부는 그따 다가 빚내서 퍼 준다 소리나 해 쌌고 퍼 주는 것도 선별해서 하든지 퍼 주고 나마 누가 갚아야 되노? 쓰는 놈 따로 갚는 놈 따로 저거 자슥들이 갚아야 되는 거 아능가?

그렇께 말이라. 손 안 대고 코 풀라꼬 용쓴다. 선거도 있제 인심 쓴다꼬 딴에는 욕 얻어묵어 가미 정치놀음에

국민들마 코피 터진다. 그놈의 코로나는 온제나 종식이 될랑고 재빠르게 준비 안 하고 다른 나라 백신 접종한다꼬 난린데, 갖다 붙이기는 잘하데. 검정된 거 찾는다꼬? 이것저것 남는 거 쓸어 담아서 접종할랑가?

너거 그기 무신 소리고? 바이러스 땜에 몬 움직이는데 자영업자들 돈 공짜로 주마 좋지. 그 예방접종인가 그것도 전 국민 공짜라 카든고마

아지매 공짜 너무 좋아하지 마라. 대머리 된다카이

나는 대머리 안된다. 태어나민서부텀 공짜가 천지삐까리라 그걸 좋아해 갖고 인자 만성이 되뿌릿다. 대머리 될 거 겉으마 벌씨 됐구로 절대 대머리 안 되여 나는

차암, 좋기도 하것소 대머리 안 댄께. 지금 상황에서는 접종 그거 해도 걱정 안 해도 걱정이요 아지매, 생각을 해 보소

행님, 접종은 무신 그냥 구석에 처박히 있는 기 최상이다

'아! 옛날이여~~~ 그때가 그립네

영호강에는 얼음꽃이 피었다

두터운 얼음장

아이들은 얼음지치기에 시간 가는 줄 모르고

어른들은 동심을 소환한다'

그래, 우리가 앉아서 이케 쌌는다꼬 무신 수가 나나? 마 답답기만 하지

종오야, 대통령 될 때는 사람이 먼지라꼬 떠들고 난리 피우더만 인자 말 좀 바꾸야 된다

행님, 오째 바꾸마 되노?

대통령이 먼지라꼬…

그라마 대통령은 사람 아이가?

한입으로 그때그때 상황 따라 다르기 나오니 모르것다. 니가 알아서 짐작해라

그렇나 행님아, 그라마 짐승이 그라것나?

나는 나로 살자

분아, 너거 설 잘 쇴제? 낼모레 정월 대보름이다. 참 세월 빠르네. 엊그제끼 춥다꼬 난리더만 벌써 봄이다 봄, 찐노랑 복수초 고개 디밀었더구만, 복수초 봤으니 복 받겠다 올해도

그러게 말이여 철순아 복수초도 올라오고 인자 튤립도 이파리 올라왔더라만, 봄이 오는 길이 험난하다. 맴은 봄이 아니여

그래도 오짜것노 마? 니 맘도 봄이 와야 내 맘에도 봄이 오지. 우리 만나만 서로 봄이라야 통할 것 아이가? 하나는 시베리아 벌판이고 하나는 살~살 녹는 봄이만 한쪽이 다 녹아 내리뿌서 삔또가 안 맞다 아이가?

내사 마, 봄도 좋고 여름도 좋고 오마 오는 대로 가마 가는 대로 바람 불마 부는 대로 비 오마 오는 대로 안 좋은 기 있더나

너는 좋은 것도 많다. 누이 좋고 매부 좋고 글나?

흐흐흐 그렇다. 도랑 치고 가재 잡고, 꽁 묵고 알 묵고, 마당 씰고 돈 줍고… 크크

그래 좋은 기 좋다꼬 생각하고 빙신 겉이 살았는데

어젯밤에는 잠도 안 오고 지난날을 곰곰 생각해 보이 탁 걸리적거리는 기 있더라

그기 뭐꼬?

말하자마 또 천불 난다. 접때 내가 매고 댕기던 샤넬 빽 있제?

그래 너거 서방이 사 줬다 안 캤나? 기특도 하지…

말 마라. 그거 들고 동네방네 자랑질했디만, 희야 가가 짜가라꼬 안 카나? 그 화상이 가짜를 들고 나한테 사기 칬다 아이가? 짜가인지도 구분 몬 하는 무식한 내가 그르지 누굴 탓해

그거 땜새 카나?

그것만 가지고는 내가 안 카지. 울 냄편이 마누라 생각해서 짜가라도 사 주고 싶었능 갑다 생각할 낀데 그 화상이 지 밑구멍도 몬 닦는 기 애인 맹글어서 그 애인은 진짜배기 샤넬 빽을 사주 가지고 사진 찍고 찌랄 하다가 그 사진 카스에 올리놓은 거 있제? 그래갖고 덜미 잽힜었다 아이가

옴마야! 말도 아이다. 너거 냄편 그래 안 봤디만. 그래

가 오째 됐노?

대판 싸왔다. 가방 사 준 거 봉께 그기 진짜배기네, 이혼하자 캉께 지는 몬 한다 카데. 저니리 인간 잘 때 비개로 눌리 직이까 싶다가도 감빵 가는 기 무서바 가~ 내 가슴만 칬다. 째지 봐야 빌 남자 있겠나 싶어서 꾹 눌러 참고 살았는데 어제 잘라꼬 눈~께로 문득 생각이 나서 잠 한숨도 몬 잤다

하이고 그랬나? 인자 참지 마라. 너도 참을 만치 참았다 아이가

그런 일 당하고도 한 지붕 아래서 살자니 참 답답고 비굴했지, 자존감에 치명상을 입고 보이 야무지게 닦달 몬 한 기 한스럽기도 하고 그렇다

봐라봐라, 같이 대들고 그칸다꼬 잘하는 거 아이다. 똑같은 사람 되지. 참는 자에게 복이 있나니. 망각하는 자에게 복이 있나니

구세주 나셨구만, 불난 집에 휘발유 뿌리나? 온제부텀 그러키 거룩한 사람 됐노? 나도 한 수 배우자 쫌

방심한 내 탓이요 카민서 니 가슴을 자꾸 훑어 내리

라. 그라마 거룩해진다 알것나? 그라고 지금부터는 참지 말고 조곤조곤 따지 나가라. 설득도 하고 쫌. 눈치도 이때껏 보고 살았으마 됐다. 열 내고 폭발해 봐야 하는 사람만 손해다. 요새 사람들 순간을 몬 참아 가 폭발 안 하더나? 모두 분노조절 장애에 절어있다. 아파트에도 층간소음 땜새 살인까지 나고, 경적 울리고 끼어 들었다꼬 보복 운전을 안 하나, 멀쩡히 길 가던 사람 찌르지를 않나 사람 겉이 무신 기 엄따

야! 분해 죽겠고만, 너는 주저리 본론에 안 맞는 새실이 길다 참~

분아 그런 말도 안 있디? 한번 행동하기 전에 세 번을 생각하고 한다꼬, 유식한 말로다 삼사일언三思一言 아이가 그런 말도 있더라만…

그카다가 복장 터져 지 밍대로 몬 산다

너도 인자 날 존중하지 않는 자한테 친절할라꼬 애쓰지 마라. 냅둬라. 애써 싸마 더 찌랄한다. 알것나? 잘 보일라꼬 비굴해 지지도 말고, 담아 두지도 말고

오냐 그렇제? 한 바꾸 돌아 환갑인데 우리가 살마 얼

매나 산다꼬?

그래그래, 분아 나는 나로 살아야지…

이뻐지는 비결

숙경아, 우리 얼매 만이고? 야, 초등학교 졸업한 지가 언제여? 참 오래됐다 그자

그래, 경옥아 우리가 코 찔찔 흘리 가민서 손수건 접어서 가슴에 달고 입학하던 시절이 엊그제 겉구만

유수 겉은~ 육 년을 같은 건물 안에서 떠들고 웃고 장난치고 컸는데 인자 모두 늙어서 주름이 자글자글, 검버섯이 군데군데 세포도 기능도 엷은 장막이 한 꺼풀 씌었다. 억만금이 있어도 몬 막는다

경옥아 있제 공주 있제?

공주가 뭐꼬? 충남 공주 말이가?

와 오학년 때 우리 반에 공부 잘하고 체하는 아 안 있었나?

아, 선녀골 사는 아 말이가? 가 이름이 머더라?

그래그래 선이 말이라 가 이야기해 주까?

해 봐라

가는 지끔도 공주더라 증상이 심하던데, 입원해야 하지 않을까 싶더라

크크, 말해봐라 무신 내용이고?

가가 쌍꺼풀하면서 피부를 손질했나 보더라. 그런데 피부가 붉은 반점이 생기고 따가바서 홀홀 불고 있으이 저거 남편이 지보고 '자기는 참~ 손댈 데 없이 이뻤는데 쫓아서 걱정하네' 그러더래

그래서 가가 머라고 했께?

머라 캤는데?

그것도 하느님 뜻이라. 얼굴을 이뻐게 낳아 놔서 손탈까 봐 안 그렇나 그캤다케

하하하! 선이답다. 우리는 메주짝 겉이 생기서 이카고 있나?

와? 니 얼굴이 오때서?

봐라 잘생긴 데 있나? 없제? 눈은 째지 올라가고 코는 딸기코에 입은 티 나오고, 거기다가 배는 만삭이 다 돼 간다. 오데 하나 눈 가는 데 있나 봐라

생긴 거 가지고 너무 그카지 마라. 조상 잘 만난 것도 자기 복이다. 전부 지 맘대로 될 거 겉으마 무신 걱정, 니도 마 자화상 그리 봐라

자화상은 머 할라꼬?

고흐는 자화상을 마이 그렸단다. 자기 얼굴보담 좀 더 잘 생기게 그렸다 안 카나?

헐~~ 그란다꼬 얼굴이 잘생기지나?

그건 아이지만 원하는 대로 그릴 수 있잖여? 코 깎고, 눈꼬리 내리고, 티나온 입 조영고, 하루는 자기가 그린 자화상이 너무 잘생기서 자기도 놀랐다네 크크

경옥아 마, 인물 뜯어 묵고 사는 것도 아이고 이만하마 안 빠진다 우리도

그래 말이라, 인자 삼월이제, 올해가 삼일운동 102주년이라 카데? 유관순 열사 대한독립만세 외치는 거 봐라 오데 잘생기서 목청 높있나? 나라를 위하는 마음이 누구보다 강열하고 걱정되고 안타깝고 분하고 그런 거 아이것나?

그러고 보니 참, 유관순 열사 사진이 복원이 돼서 나왔데. 너무나도 슬프고 퉁퉁 부은 얼굴을 AI가 웃는 얼굴로 복원시켰는데 웃으이 완전 딴 얼굴이더라

야, 나도 봤다. 페이스북에도 올라 있데. 사람들이 웃는 얼굴 좋아하니 유관순도 웃게 맹근다 아이가?

그러게 꽃다운 청춘을 나라 독립에 바치고 말이라. 시절이 하 수상하니 모든 기 삭막한 때다. 맘대로 움직이도 몬 하고…

친구야! 그래도 웃자. 그라마 해결됐제. 오짜마 이뻐 보이는지…

쥐고 있는 행운은 모른다

와! 시야 공기 좋고 전망도 쥑이네. 골짜기라 촌사람들은 안 올라칼 낀데 잘 따듬어서 그런지 너무 좋다.

그렇지? 우리도 자리 잡느라 연고도 없는 곳에 와서 고생 많이 했어. 이렇게 보기가 좋을 땐 어땠겠어? 고생한 흔적이 좀 보이지?

도시에만 살다가 여 와서 지내 봉께 살 만하더나?

어휴 그냥, 여유 좀 가지고 자연과 벗 하며 살고파서 먼 곳까지 왔는데 처음엔 낯설고 물설고 외롭기도 하고 그랬지. 말투나 억양부터 다르잖아? 경상도 사투리 못 알아들어 번역이 필요할 만큼…

인자는 그라마 질나이(달인) 됐나?

질나이가 뭐임?

흐흐흐, 인자 거창 사람 됐나 이 말이다.

호호호, 그 말이가? 우리가 여기서 살아온 지도 몇 해가 되고 번역기 필요 없다, 나도 거창사람 다 됐어 걱정들 말어. 내가 터 잡고 있으니 언니도 뒤쪽에 집을 지어서 오고 또 귀촌한 이웃도 있고 오순도순 재미있어 가족같이…

맞다 시야, 타향도 정이 들마 고향이라꼬 유행가도 안 있더나?

그래, 인간은 환경에 적응을 참 잘해. 인간뿐 아이라 생명 있는 거는 살아가야 하니 적응을 할 수 밖에. 외국에서 온 씨앗들이나 채소들 봐, 이역만리에서도 얼마나 튼튼히 뿌리박고 사는지?

맞다 시야, 그것도 종족번식인지 질병부터 시작해서 모든 기 그렇더라.

동생아, 난 특히 식물들이 너무 신기하더라. 이곳에 여름 되면 미국 자리공이라고 자주색 열매가 열고 키가 제법 크게 자라는 풀, 걔들이 아주 많아. 그것도 외래종이거든, 원산지가 북아메리카야. 그런데 걔들은 토종 풀처럼 자리 잡고 아주 튼튼하게 잘 자라거든. 걔들이 처음엔 생태교란 식물이라고 천대 받다가 어떤 연구가 있었는지 질산칼륨이 풍부해서 땅을 기름지게 한다나 어쩐다나 그러더라.

음~ 정작 토질을 오염시키는 생명체는 인간들일 낀데 그자?

그러게 말이야, 개망초도 북아메리카가 원산지래. 들꽃들이 촌스러우면서도 예쁘고 순수해 보이는지 여기 오기 전에는 관심도 없었는데 촌에 살다 보니 들꽃에 관심이 많아지고 자연히 찾아보게 되더라구

그러키나, 시야 촌 아지매 다 됐구만, 인자 몬 떠나겠네 행복하것수

그래 재밌어. 한국이 원산지인 꽃도 흔하게 많지. 고마리, 여뀌 이런 꽃들은 아주 흔해. 여름이 되면 물기가 있는 곳에 좌악 퍼져 있어. 잔잔하고 나지막하면서 소란스럽지 않다

아이고 시야, 그런 꽃도 아요? 고마이 말이제? 우리는 꼬맹이 때부터 질리게 봐서 그런지 아무 감흥이 없는데 말이지

그래 그런 꽃들이 우리한테 얼마나 유익한 식물인지 넌 모르지?

오째 유익하다 카디요?

봐라, 작년에 있지? 고마리 씨앗을 받아 말려 놓았다가 볶아서 몇 달 정도 우려 먹었더니 글쎄 침침하니 겹

쳐 보이던 글자가 외줄로 보이잖아? 얼마나 좋아졌는지 촌으로 이사온 게 축복이더라

엥, 그러키나 효과가 있어요?

그뿐이겠냐? 신기해서 내가 자료를 안 찾아봤겠니? 이질 통증 간 전립선 폐결핵 이런 데 다 좋고, 화상이나 습진에는 생잎을 찧어서 바르면 효과가 있대. 야! 특히 피부노화도 예방해 준대더라

정말 시야 그러키나? 갱년기 노화에 좋으만 끝났네…

흐흐흐, 끝난 게 그뿐 아니지. 수질 정화에도 한몫, 여뀌라는 풀도 있지? 고마리랑 이웃같이 붙어 있어

그거는 와요?

치질이나 자궁에 출혈이 있을 때 효과가 있고, 혈압도 내려준단다.

아이고 시야, 와그리 유식하요? 이쯤 되마 의사나 약사들이 머리띠 졸라매고 난리 부르스겠네. 우리 어릴 적에 바지 동동 걷고 또랑물에 들어가 방구 들쑤시 가미 여뀌 잎 소쿠리에 여 갖고 물고기 잡을 때 썼다 아이가?

그러게, 옛말에 업은 아이 삼 년 찾는다는 말이 있지?

그래 우리가 얼마나 좋은 것들을 가까이 두고도 모르고 사는지 원

시야, 인자 등잔 밑이 어둔 기 아이라 LED 전등 밑이 밝다꼬 해야것다 그자

하하하 동생, 나랑 놀더니 너도 많이 유식해졌다. 이웃사촌 좋다는 말이 그저 있간디?

아는 기 있나

벌써로 해가 지네. 주홍빛깔 노을 봐라. 저기 우리 인생이다. 인생은 짧고 예술은 길다꼬 누가 말했던고?

친구야, 우리가 인생을 논할 나이가? 재수 없으마 백오십 살까지 산다 카더라. 나들가게 뿌사지고 낭께 옹기종기 둘러앉아 신세타령, 자슥 자랑, 농담 따묵기 할 데가 없네 그려

글씨 말여. 신식 건물이라꼬 다 좋은 기 아인데 말이지. 새로 지어 놓은께 장사도 잘 안되고 풍광이 별로다. 우리는 옛것이 참 情도 가고 좋은데…

옛것이고 요새 것이고 간에 고마 하루하루 허투루 하지 말고 즐겁게 살자. 금 중에서 지금이 젤 소중하다 안 카더나 애 터지기 캐 봐야 뾰족한 수도 없더라

친구야 너는 오떨 때 젤 행복하더노?

용식아, 살다 보마 행복할 때도 있고, 슬플 때도 있고, 무덤덤할 때도 안 있더나? 다 샘샘이다. 와 너는 행복할 때 없나 있나?

그래, 우리 용이 있제? 전번에 진급 할라카다 떨어졌다 아이가? 집에 와 갖고 모가지 쭉~ 빼고 앉아 있으이

속상하더라. 맘 묵은 대로 되마 얼매나 좋겄노 마는 그기 애럽은 기라

아이고 그렇구나. 그래서 기분이 별로구만, 그라마 담에 하믄 되지 걱정하지 마라. 일 년 먼저 간다꼬 맨날 앞질러 가란 법 있더나. 엎치락뒤치락하는 기 인생 아이가. 안 살아봤나 마

그렇제? 높이 나는 새가 멀리는 보긴 하는데 떨어질 때는 곱절로 아푸다 카더라. 그노무 돈이 많으마 사장한테 한 뭉티기 싸다줄 걸 그랬나 싶기도 하고 후회도 했었다

아서라, 요새 누가 돈 묵고 승진시키더노? 능력대로 가는 기지

그라마 우리 아~가 능력이 엄따 말이가? 너 말 한번 이뿌기 하네. 허~ 참. 우리 용이만치만 능력 있으라 카지, 시험 칠 때도 일등 했다. 그거 모르제?

그래 공부는 일등 했으마 잘했네. 공부 머리랑 직장에서 머리 돌아가는 거랑 같다꼬 볼 수 있나. 공부는 달달 외우만 잘할 수 있지만, 직장생활이 어데 그렇더나?

융통성도 있어야 되고, 순발력도 있어야 되고, 비비는 거도 잘 해야 되고 머 등등 안 있나? 무신 말인지 알것제?

니가 시방 나한테 복장꺼리 시키나? 안 그래도 천불 나는구만…

그기 아이고 운칠기삼이라꼬 들어봤나? 열 중에 운이 칠이라. 재주나 능력도 있어야 되지만 뭐든지 운이 따라주야 된단 말이다. 학교에서 맨날 만점 맞든 아가 수능 실전에 가서 시험 망치는 거 봤제? 그것도 그날 운빨 엄써 안 그렇나?

아이고 마 됐네 이 사람아. 위로는 몬 할망정 불난 집에 휘발유 뿌리나? 아이고 봄바람이 차고만 와 이리 덥노 부채 있나?

봐라 야들아, 좋은 날 와 이리 옥신각신이고? 그만 치와 뿌리라. 이런 날 있으마 좋은 날도 있다. 너무 서운해하지 말고 맘 다잡아라 오짜겠노?

하이고 그러키나 그런 줄은 모르고 내 이야기만 했네 그려… 속 삭히고 우리 남새밭에 지칭개가 올매나 많은지 올은 우리 지칭개 뜯으러 가자 지칭개가 뭐꼬?

국을 끓이마 쓴맛이 나서 매~매 우리내야 하는데 우리다가 지친다꼬 지칭개라 카기도 하고, 지쳤을 때 묵으마 좋다꼬 그카기도 하고, 짓찧어서 상처에 바른다꼬 지칭개란다

야들아, 지칭개라꼬? 이름이 참 역할답다. 동장군 이기 내고 젤 먼저 얼굴 내밀고 봄맞이하로 나왔을 낀데 당할 자가 엄겠네

말해서 뭣해? 지칭개가 혈액도 맑게 하고, 이뇨작용이 있어 체내 노폐물 배출을 돕고, 고혈압, 동맥경화도 예방되고, 또 입맛도 살리 주고, 피로회복에도 좋단다

아이가, 지칭개가 그리 좋아? 밭에 가마 널리 있는 기 지칭개 아이가?

그래 그런 것도 사람들은 모른다 카이

그람 사람들은 뭘 아노?

뭘 아는지 그것도 모르것다

안 되것다. 우리가 백오십 살 살라 카마 공부해야 된다. 이래 모르고 가마 저승 갈 때 염라대왕이 공부 안 했

다꼬 돌리보내것다

크크크, 돌리보내마 또 살아 보는 기지 뭐…

附和雷同부화뇌동

순동아~ 순동이 있나?

아지매 와요? 지도 어른인데 순동아 순동아 카지 마소 쫌. 내가 언제적 순동인기요. 미느리 본 지가 언젠지 아요 마?

니가 온제 미느리 봤노?

아, 마누라 아들은 아들 아잉기요? 그렁께 미느리 본 거지

오냐, 너 잘났다

아이고, 아지매 오싰능기요. 그런데 머땜에 옥신각신 이라요?

아요 여사장 보거래이, 순동이가 올 따라 따까리 스팀을 받았나 와 그리 샘통이고? 입이 열자는 튀 나왔네

아지매 말도 마소. 아~새끼들도 다 하는 주식 투자했다가 꼬라박아서 부부싸움하고 괜스리 생트집이나 잡고 말이지. 육이오 난리는 난리도 아이라요.

그런 걸 머 하로 하노 그래, 우리 아도 소액투자라 카민서 했는 갑더라. 금방 팔아치우지 말고 오래 징기고 있어야 된다 카더라. 부동산이 하도 널뛰기를 해 쌍께 이

해는 된다마는 애터지기 벌어 갖고 한 방 터줄라 카다가 날리마 되것나? 또 올라갈지 모른께 팔지 말고 있어 보라케

초등생도 한다 카디만 하도 마이 한께 아지매도 다 아시네요?

그래, 촌에 산다꼬 모르것나? 배우믄 되지, 젊은 아~들하고도 어울리야제, 흐흐

아지매 송신하요. 여행도 몬 가제, 일도 없제, 하루내 휴대폰 딜다 보고 앉아서 시키는 거는 하지도 않고 휴대폰 빵구 날끼고만…

니는 쫌 조용히 해라 마,

머라꼬? 니라 캤나? 이기 잘 대해줬더니만 기 오르네 인자

와? 기 오르마 안 되나? 맨날 누야라 합시고 요거 해라 조거 해라 종도 아이고…

그기 그러키나 아이꼽더나? 그라마 원상복귀하자 우리

고만해, 이사람들아, 잉꼬부부가 와 그캐? 내가 부채

질하로 온 것도 아인데

잉꼬는 작년 동지섣달에 얼어 죽었소 아지매

있다가도 없고 없다가도 생기는 기 돈 아이가? 사람 나고 돈 났지, 돈 나고 사람 났나 이 사람들아, 뭘 그거 가지고 그러싸 집 팔아 묵은 것도 아이고?

가게 들락거리고 할 때는 저 인간이 저러키 꽁생원인 줄 몰랐는데 살림 합치고 돌씨 지나고 난께 본색이 드러나데요

아이고, 그래도 너거 아들 집 장만할 때도 보태주고 안 했나? 어지가이 그러싸 고마

아지매 속상해서 안 카는 기요?

그거사 와 나도 모르겠는고? 이왕지사 사는 거 서로 한 발짝씩 양보해야지. 세상 꼬라지 따라서 움푹짐푹 종잡을 수 없는 기 주식 아이더나? 좋은 맘까지 종잡을 수 없으마 쓰나?

알았어요, 아지매 봐서 참아야지. 자기도 나한테 사과해라 마

무신 사과? 깎아 묵는 기 사과 아이가? 아나 사과 여

게 있다 묵어라

짜진 입이라꼬, 나하고 시방 농담 따묵기 하나? 에구 쯔쯔

여보야, 울 누님 가슴팍 넓은 거 안다. 인자 담부터 안 그라께…

쥐구멍에도 볕 들 날

어무이 어무이, 난리 났디. 쫌 와 봐라

아이고 야가 와 이리 난리고 아침 댓바람부터?

내 몸에 말이라 뻘건 열매가 온데 다 붙어가 밤새도록 그거 뗀다꼬 잠 한심 몬 잤다

뭣이 붙었다꼬 난리고 암것도 엄꾸만

캬! 그 꿈 희한하네, 하도 신기해서 내가 마, 몽롱해지요 어무이

야~가 머라카노 시방, 꿈이 어째 됐다꼬? 말해봐라 무신 말인지 하나도 몬 알아듣겠다. 혼자서 카지 말고. 자가 안 하던 짓을 하네 그려

어무이 잘 들어봐라

그래 뜸 딜이지 말고… 누구메 복장 터진다

문수야 무신 꿈인데 일찍이 난리 벅구통이고

어무이하고 삼촌아 내 말 좀 들어봐라. 뻘건 열매가 온몸에 들러붙었는데 물으이께네 지가 영실이라 카더라

영실이라꼬, 영실이가 뭐 하는 기고, 아가씨 이름이가?

아이다 어무이, 꿈에서 말이다

참, 답답해 숨 막히겠네 영실이가 오짜라꼬?

내 몸에 들러붙은 열매 말이다 지 이름이 영실이라 안 카나

야야, 문수야 쫌 기다리 봐라, 요새 마 휴대폰만 열마다 안 나오나 찾아보자. 고모님, 이기 찔레 열매네예. 빨간 열매 안 있소, 어릴 적에 겨울에 꽁 잡고 할 때 열매 안에다가 청산가리 여가 눈속임 안 했능기요?

삼촌아 가가 찔레 열매가? 그기 온데 붙어서 간지럭거리서 혼났다. 그기 와 지 보고 영실이라 카노

가~ 이름이 영실이 맞다. 여게 보이 발기부전, 전립선비대증, 당뇨 이런 데 좋다꼬

문수야 가가 와 너한테 들러붙어 잠도 설치고로 했겠노, 장가 갈 때가 넘어서 그런가?

내사 모르겄다. 자다가 꿈에 몸이 껀지러서 긁다가 열매가 빨가니 하도 이뿌기 생기가 따서 묵었다 아이가, 그래가 소변 마렵어서 화장실 가 일을 봤는데도 그시기가 빵빵해서 있응께 나도 놀래서 깨 보이 꿈속에서 헤맨기라

뭐라꼬? 영실이가 천상 오데 아가씨 이름인 줄 알았네. 인자 저놈이 장개를 들랑가 생각했디만, 헛다리 짚었네. 니가 실성한 거는 아이제?

어무이는 장개 가는 기 머 그리 중하다꼬 그카노

답답아, 대갈빡 총 맞은 놈아 대를 이어야지 이눔아, 너 같은 놈 땜에 인구도 줄고 나라도 엄써진다 인자. 내가 저니리 인간 낳아 놓고 자슥 낳았다꼬 미역국을 묵었으니 원, 그래 영실이가 어째 됐단 말고?

삼촌아 그런데 무신 전이라꼬? 그기 뭐 하는 기고?

그런 기 있다카이 발기부전이라꼬. 장개 들어 보마 다 안다.

아이고 저 노무 화상을? 그거는 각시 있을 때 쓰이는 기다

어무이 나는 각시 필요 엄따 그기 그리 좋은 기가 그라마 영실이랑 살란다 고마

자가 좋은 건 알아가지고 설랑 그기 머 하는 긴 줄 알고 그 카나? 니 에미 죽걸랑 너 땜에 복장 터져 죽은 줄 알아라

와 그카노 어무이, 나는 좋다꼬 말도 몬 하나? 좋으마 좋은 기지

좋아할 기 따로 있지 이 화상아 내 참~~ 호래이가 안 물어가고 뭐 하꼬? 조카야, 내가 팔푸이를 델꼬 살라카이 심도 들고, 나 죽고 나믄 누가 돌볼랑고 걱정이다

그래도 문수가 착실한께네 오데 야무진 아가씨 있으마 우다 싸서 살마 잘 살낀데 중신애비 붙이 보까요?

그래만 되믄 금상첨화지만, 언감생심 어따가? 괜스리 멀쩡한 색시 고생시킬라꼬…

아이라예, 문수가 아주 등신도 아이고 쬐끔만 신경 써 주만 잘 따라 할끼라예

하긴 우리 아들이라서가 아이라 착하긴 하지. 그따가 시키는 거는 잘 하잖어

그렁께 색시감 찾아 보입시다. 허구헌 날 안 된다꼬만 생각하지 말고, 안 되는 걸 되고로 하는 것도 인생살이 아입니까?

아이고 내가 조카 덕분에 오늘 살맛이 나네. 자네 올 참~ 귀한 걸음 했어. 나도 조카 믿고 더트(더듬어 찾다) 보께

고모님, 서로 힘을 합치마 안 되는 기 있습니까? 나라도 보이소 쪼가리가 나서 맨날 지 잘났다꼬 설치 싸이께 찌지고 볶고 싸우니라 요모양 요꼴 아입니까?

내가 훌륭한 조카 둔 덕분에 오늘은 살맛이 나네. 암~ 이런 날도 있어야지

짝도 하늘이 점지해 놨으마 찾아보만 안 있겠능기요? 고모님 흐흐…

자식은 부모의 뒷모습을 보고

밥 다 묵었나?

다 뭇다. 가자

어무이랑 설이는 어데 갔노 안 보이네

화장실 간다꼬 나갔다 빨랑 가자

그라마 내가 먼첨 가 있을 낑께 뒤로 살째기 빠져서 차로 와여, 시동 걸고 기다리께

그라마 우리 올 공밥 묵고 삼십육계 줄행랑이가?

줄행랑은 무신, 대접받고 가는 기지

그런데 여보야, 나는 간이 벌렁거리서 몬 하겄다

그래가지고 무신 놈의 도모를 할끼고, 마 시키는 대로 해라

알았다 들키지 말거래이. 들킸다 카마 우리는 올 파리 목숨이다

죄 짓고 오째 살꼬 모두? 아이고 간 다 오그라든다. 어무이하고 설이는 와 이리 안 나타나노? 빨리 튀야 되는데…

아이고 야들이 변소 갔다 온 새에 나가고 엄네. 설이

야 계산대로 가보자

사장님, 여게 우리 아들이랑 미느리 안 왔던기요?

아직 안 오셨는데요?

먼지 나갔는데 오데 갔으꼬 돈도 안 내고?

모친요, 그라마 식대 내고 가이소

얼만 기요?

황태찜 대大자 한 개, 전이랑 밥이랑 합치서 칠만 원이라예

보자 돈이 있나… 사장님 돈이 오만 원 빼끼 엄는데 쫌 깎아주마 안 돼요?

할머니, 오늘 서비스도 많이 드려서 더 깎지는 몬 해요. 아드님 찾아 보이소

설아, 아빠 오데 있는고 차에 함 가 봐라

아빠, 할무이가 계산대에 있다 빨리 오라케

아이고, 어무이 여게서 뭐 하는 기요?

밥값 냈는 줄 알고 있다가 물으이께 안 냈다 카길래 너 기다리고 안 있나 빨리 내라

보소 손님, 모친이 눈 빠지게 기다리는 줄 몰랐소?

화장실 갔다 오는 기요 사장님은 와카요?

뻑 카마 된장 아잉기요. 화장실서 그리 오래 있고로 똥 줏어 묵었소? 걸음걸이만 봐도 눈치백단이요. 하도 먹튀를 하잉께 형사콜롬보 뺨 치요 나도 인자는…

내가 오데로 내뺀다꼬 그카요?

아요 밥값도 안 내고 이십 분이나 차에 앉아 있다가 너거 어무이 안 가니 인자 오네

밥값 주로 안 왔능기요, 손님한테 그라는 법이 오데 있소? 와~ 환장하겄다. 무고죄로 처 넣어 뿌리까?

양심대로 하소

에이 씨~ 올은 어무이랑 아들 봐서 참는다만 퉤퉤

보소 손님, 질나이 카다가 112에 신고해 뿌리만 빼도 박도 몬 하요. 고마 호주머이 좀 터는 기 낫지 그카다가 큰코다치고 우사 칠갑하요. 할라마 쥐도 새도 모르기 해야지 어중잽이로 꼼수 부리다 돈 잃고 사람 잃고 우사하고 그렇소. 입으로 들어갔으마 낼 거는 내야지 집어넣기만 하믄 되겠소. 너거 어무이랑 자슥은 여게 놔 두고?

이 양반아 고마 쫌 해, 좋기 말할 때…

너거 어무이가 자기 놔두고 도망 갔는가 싶어 안절부절이다. 에이그 부모 애간장 에지간~이 태와라. 낼모레 노을 지겠구만, 쯔쯔. 바르게 살자꼬 그러침 외치도 오떤기 바른 긴지 모른다

에이 재수 옴 붙었다 갑시다. 설아 어서 와. 어무이는 내가 버렸을까 봐 안절부절이요?

그기 아이라 카이, 니가 아까 도망간다꼬 그카길래 맘 졸있다

노친네, 똑똑하기는? 누가 듣소, 내가 도망을 와 가요 죄 짔소 도망가게?

남의 식당에 와서 맛있기 묵었으마 그 값을 치루고 가야지 사기꾼도 아이고? 그런 짓 하지 마라.

누가 그런 짓 한다꼬 그카요,

그 사람들 하루 쥉일 서서 뜨겁은 불기운 뒤집어 쓰고 가스 들이마시 가민서, 손님들 응석 받아주 가미 한 그릇 팔라꼬 용 쓰는데 그카마 벌 받는다. 다른 데 애끼 써야지 그라마 몬 써

고마하소 쫌 아~도 있는데

할무이 아빠가 밥값 떼 묵고 도망갈라 캤나?

어어~ 아이다. 그럴 리가 있나 그냥 해 본 소리다. 그런데 설아 올 맛있제?

응 할무이, 담에 또 오자. 겁나 맛있더라. 친구들한테 자랑해야지…

그래 내 새끼, 이 할미가 또 사주께

무지개가 아름다운 건

사람은 뭘로 사노?

와 또? 뭘로 살기는 밥 묵고 숨 쉬니께 사는 거 아이가?

그걸 누가 모르나 빙신아

쫌 알아 듣고로 이야기해라 무신 일 있나? 한숨을 푹 푹 쉬 가미 사흘에 피죽 한 그릇도 몬 묵은 사람 겉다

내가 참~ 한심해서 안 카나? 집안일이라 까놓고 이야기하기도 쑥스럽다

괜찮다 나한테 이야기해라 빙 생긴다. 안 그라마 상담을 받아보든가

에고 울 마느래가 요새 하도 닦달을 하니께 복장 터지서 이승 하직하고 접다

지끔도 그카나?

니 만내고 들어갔는데도 의부증이 도졌는가, 어떤 년하고 붙어 묵고 왔노부터 시작해서 밤새도록 잠 한심도 몬 잤다

그러이 너도 젊을 때 에지간이 속 썩이고 살지. 너거 마느래도 안 그카마 울화통 터지서 몬 산다. 그기 인자

빙으로 도진기라. 내가 본께로 뺑 돌기 직전이네

순대야 너 나한테 와 그라노? 말하라 캐 놓고 불난 집에 심지 돋구나?

그기 아이고 현재를 보마 과거 행적이 다 나온다 아이가. 너도 마느래 잘 다독이라 인자 와서 내쫓을기가 오짤기고?

그렇지만 하루 이틀도 아이고 살아갈 날이 구만린데 한숨만 나오네

그라마 집에서 나오지 말고 삼시세끼 같이 낄이 묵고 있거라. 그라마 오째 나오는고 보자

대책 엄따. 그래보까?

그래 서로 노력일랑 해 보고 다른 연구를 해야지 안 그렇나?

마, 젊을 때 내 맘대로 돌아댕깄으이 오짜던지 붙어 있어야 되것네. 그라고 덕판이 아재 손자 있제? 가가 학교에서 왕따 당하는 갑더라

왕따? 와 그러꼬?

주구메가 베트남 띠기 아이가? 그러이께 아~도 피

부가 까무잡잡하니 색깔이 다르고 하이께 아~들이 뭘 아나 다른께 재미로 놀리것지…

요새 촌에 까무잡잡한 아~들이 한둘이가? 아~가 너무 순하니께 그런가?

그렁께 쫌 더 꿉히고, 덜 꿉히고 그 차인데 큰일이네?

그래 빛깔도 한 가지보담 여러 가지가 어우러지마 더 아름다울 낀데 말이라

그라마 우리 이참에 좋은 일 해 보까?

오떤 일 말이고?

가~들이랑 엄마들 불러서 통닭이랑 피자 시키가 묵고 이야기도 좀 하고 속도 풀어주고 하고로 오떠노?

하모, 그거 좋은 생각이네. 들에도 가마 이 꽃 저 꽃 어울리듯이 인종도 다양하게 어우러지다 보마 세상이 풍성해지겠지

그렇지 그리, 아무리 학교서 교육을 한다 캐도 가정교육만 몬 하다. 인성교육은 가정에서 하는 기 맞다. 학교에서 백날 갈치 봐야 가정에서 어긋나마 도로아미타불이다

우리 올 잘 통한다. 오짠 일이고? 하하하!

친구야 무지개가 와 아름답것노?

그거야 알록달록 일곱 빛깔이 어우러지니 안 그렇나

그러게 우리도 인자 글로발로 놀자꼬~~

가깝고도 먼 세상 일

뭉구야, 너거 아들 요새 직장 안 나가나, 와 집에 있노?

어, 집에 있다. 재택근무 한다네. 코로나도 자꾸 변이종도 생기 쌌고 앞으로 인자는 가상공간에서 비대면으로 일 처리를 하는 경우가 많아진다꼬 우리 아~도 회사에서 재택근무 권장을 한다네

그렇나? 난 그것도 모르고 아~가 보이길래 궁금했지…

'아들아, 집에 있으이 좋나?' 그캤디만, 간섭 받는 느낌인지 좋은 것도 있꼬 안 좋은 것도 있다꼬 그카더라

그래, 우리 부모 세대만 해도 아들 옆에 끼고 얼굴보고 싸와 가면서 사는 시대지만, 자~들은 자유로운 영혼들 아이가?

아무래도 한 지붕 아래 있다 보이 답답한 부분도 안 있겠는가베

그래, 코로나 땜에 재택근무들을 많이 하기는 하지만, 인자 서로 얼굴에 침 튀기는 일이 자꾸 줄어 들것네 마스크에, 비대면에, 참~ 어떤 기 인간적인 건지 모르것

지만

봐라 친구야, 인간적인 기라꼬 캐쌌지만, 여차하면 로봇이 지배하는 세상이 오마 연애도 사랑도 놀이도 로봇이랑 하는 날이 머잖았더라. 로봇하고 고스톱 치고 할끼다. 로봇이 뭐 진료하고 청소하고 이런 것만 하겄나?

그렁께 참, 세상이 많이도 변했지. 꿈이나 꿨나 말이라

뭉구 너거도 빨리 채비해라

무신 채비를?

너거는 아들이 벌써 재택근무 하이께 우리 집보담 빨리 안 바뀌겄나?

참 너도, 비대면 세상은 언젠가는 올 거지만, 그노무 코로나가 완전 부채질을 해 갖고 훨씬 앞당기는 거 맞제?

글씨, 말세라 캐야 되나 출세라 캐야 되나?

뭐, 시대적 흐름이라꼬 봐야 되겄지

학교란 공간에 여럿 모이서 안 있어도 공부하고, 직장이라꼬 시간 맞차가 바뿌기 집 안 나서도 근무하고, 천

리만리 외국에서도 화상으로 회의하고, 일하고…

야, 그나저나 우리는 우리 이야기하자

무신 얘기 말이고?

우리 호두낭구(나무)에 인자 호두가 열리거든, 그런데 청설모가 다 따 묵어가 수확을 몬 하겄네. 오짜마 좋노?

야! 그거 비법 있다

진짜가? 그라마 말해 봐라

공짜로? 궁금하마 오천 원

참, 별누무 꼬라지 옛다 오천 원

히히, 그라마 알리주께

빨리해라 뜸 딜이지 말고

너거 집에 페스티로폴 있제, 그걸 쪼끔만 떼서 호두낭구 밑에서 솔솔 태와 봐라 그라마 연기도 나제, 그거 냄새 맡고 다시는 안 온다

그러키 간단하나? 오천 원 아깝다. 그라고 시커먼 연기 올라올 낀데 환경오염 시킨다꼬 신고 들어가만 오짜지?

오염될 만큼 말고 쬐끔만 해라 고놈한테는 직빵이다

그래보까… 태울 때 안 들키게 해야 되겄다. 환경과에서 호루라기 불면서 쫓아오기 전에…

약으로 쓴다는데 누가 머라 칼 끼고 안 그렇나, 머라 카마 달라 들어라. 니가 잡아줄래 그카미

크크, 옛말에 병은 자랑을 해야 비법이 나온다꼬 카디만…

연등꽃

연등꽃 피었네

꽃 보러 가세

꽃만 보나?

그람 소원 빌러 가나? 참회하러 가나? 넌 어느 쪽?

뭐 이참 저참, 그러는 넌 뭐 하러 가는데?

나야 뭐 아들 장가 들 나이가 넘었는데 저러고 있으이 애 터지서 빌로 안 가나

빌마 안 될 게 될라나? 나도 부지리 빌어보까?

'지성이면 감천'이라꼬 그냥 있는 거 보담은 내 맘이 핀하지 헤헤

그라마 가 보자. 빌러 가는데 설마 안 좋을라꼬…

낑기 앉아 가 예불 보고 부처님께 절도 하고

절은 머 할라꼬 하노?

그기 기도 아이가?

종교마다 다르이께 하나의 방법 아이가, 하심下心이라꼬 들어봤제? 오짜던가 나를 낮춰야지

연등꽃 참 이뿌다

너도 참 이뿌데이…

함께 고민합시다

야야, 일났나?

일났심더 어무이, 무슨 일 있능기요?

아이다. 다른 날보담 늦게까지 안 보이길래 불러봤어

어무이, 올 바뿐기요?

안 바뿌다. 근데 와 그라노 무신 일 있나?

올은 우리 마, 마스크 벗은 기념으로 다 치와 뿌리고 차 타고 내뺍입시더

까짓거, 일이 대수가 우리도 숨통 한번 틔와보자. 근데 오데 갈 끼고?

올 오륙도로 가입시더. 바다도 보고 전망 좋은 데서 차도 한 잔 하고 어떻십니꺼?

아이고 야야, 내사 마 콧구멍에 바람만 들어가도 오감치

그라마 출발입니데이

야야, 여게가 오데고?

여가 오덴고 하마 스타벅스라 카는 데라요

스타벅~시? 그기 머 하는 데고?

어무이 머 하는 데가 아이고 커피도 마시고 차도 마시고 놓아리도 까고 앉아서 노는 데라요

그렇나? 그런데 자들은 와 마스크 끼고 있노? 우리 잽히 가는 거 아이가?

우리는 백신 안 맞았능기요. 자들은 안 맞았겠지 그래서 몬 벗는 갑소

늙어서 좋은 기 이거 한 가지네. 그나저나 젊은것들 오는 데 내가 이래 와서 민지럽다

어무이도 참, 늙으마 이런 데도 몬 오는기요? 빌 소릴 다 하네, 어무이는 달달한 바나나크림 다크 초코블렌디드 마시고 나는 아메리카노 할라요

머라꼬? 초코블랜 아메리카노라꼬?

그렇소 어무이 와요?

아메리카는 미국 아이가?

아이고 우리 어무이 똑똑하시네. 영어는 오째 알고?

내가 이때끔 살았는데, 그라고 경로당에서 영어 안 배왔나, 그거 모르마 간첩이지

참말로 오래 살고 볼 일이요 어무이

그래 내가 오래 살았제?

아이고 참 어무이도 저게 보소

오데 말이고?

인자 빨대도 종이로 맹글어 가지고 플라스틱을 모두 줄이는 갑소, 쓰레기장에 플라스틱이 썩다 안 하고 산디미만 하다 카디만~~

사람들이 머라 카나?

그기 아이고 썩다 안 하는 거로 쓰니 종래 모두 쓰레기 더미에 묻히서 죽게 생겼소

아이고 마, 그기 그렇네. 온데 천지가 비니루, 플라스틱 쪼가리 아이가?

어무이, 마트 갈 때 장바구니 들고 가이소…

비빔밥이 좋더라

용구야~ 잘 지내고 있제? 시절이 하 수상하니 맘이 내 맘이 아니여

행님 오싰능기요? 무신 일 엄찌예? 와 그라십니까? 사과 꽃 따고 인자 양파 캐는 철이라 또 바뿌네예

너도 혼자 카지 말고 마느래도 시골로 내리오라 캐라

아이고 마 말도 마소, 전번 참에 전화로 오라 가라 카다가 뜻이 안 맞아가 대따 싸움만 안 했소. 이핀네가 촌에 오는 걸 무슨 불구덩에 휘발유 지고 들어가는 것보담 더 무서바 하이 오째 당하지도 몬 하요

맨날 혼자서 농사 짓는다꼬 이리 뛰고 저리 뛰고 카이 답답해서 안 카나? 집사람은 서울에서 머 하노 아~들도 다 저거 앞가림 할낀데

남편은 뒷전이고 아지랑 산책 가는 기 일상이라요

아지가 머꼬?

지 노리개 강아지 안 있나, 성은 강이고, 이름은 아지요. 물고 빨고 지랄하다가 눈꺼풀에 끍히서 팅글팅글 부었디요. 그래도 좋다꼬 그것만 바라보고 있으이 개 새낀지 사람 새낀지 분간이 안 가요

흐흐, 내가 첨부터 시절이 하 수상하다꼬 안 카더나? 그래도 너거는 서울에 집이 있으이 다행이다만, 접대끼 길상이 저거 어무이 알제, 서울로 아들 따라 안 갔나 아~ 봐 준다꼬…

맞아요, 그 길상이네 아지매 서울 갔지요. 참 오랜 세월이 흘러뿠네. 그런데 와요?

그 어무이는 서울 가서 살다가 촌에 집 홀라당 팔아서 아들 집 산다꼬 보태주고, 아파트에 같이 살다가 미느리가 하도 빌나 가지고 셋방을 얻어서 살림을 따로 났다네

그래가꼬요?

그라다가 꼬불치 논 돈이 쪼끔 있어 가~ 허름한 동네집을 사서 살다가 인자 재건축인가 한다꼬 비끼라 칸다네. 대규모로 짓는 게비여. 촌에 와서 살믄 좋을 낀데

그러네요, 이웃들도 뿔뿔이 흩어지고 외로울 낀데 어짜노?

한번은 전화 왔더라. 부동산에서 딱지를 팔아라꼬 칸다케

딱지가 먼기요?

그기 아파트 분양권이란다. 노인들한테 헐값에 사서 저거가 얼매나 비싸기 팔아 묵겠노?

노인들은 그것도 모르고 부동산에서 카마 팔아야 되는 갑다 생각 안 하것나? 그래 가~ 그거 벌대로 팔지 마라 안 캤나

글케요, 잘몬하마 노친네 사기꾼한테 홀라당 해삐리만 안 되는데…

그렁께 말이다. 아파트가 살기 핀하다 싸~도 내사 마 주택이 좋더라

아이고 사람이 꽃도 심구고, 풀도 매고, 새소리도 듣고 그래 더불어 사는 기지 오째 말끔히만 하고 사는 기요 안 그렇소?

내사 마, 서울 가마 성냥곽 겉은 것들이 다닥다닥 붙어서 갑갑해서 못 살것더구만

울 마느래는 성냥개빈가 그 속이 좋다꼬 저리 촌에 오는 걸 싫어하네…

웰다잉

영숙아, 벌써 일 년 중에 반이 후딱 지나 가삐랐네 오짜마 좋노?

언냐, 오짜마 좋기는? 무사히 지나갔으마 그걸로 족한 거 아이가?

에고, 늙기도 설워라 커든 짐을조차 지실까?

언냐 그기 무신 말고? 알아듣고로 말 쫌 해 봐라

그제께 뉴스 봉께 할배가 경운기에 짐을 한 가득 싣고 가다가 트럭에 받치 가~ 119가 그러키 빨리 왔는데도 오데 급소를 쳤는지 그 길이 황천길이 됐단다

경운기 운전할 정도만 그렇게 연세가 많지는 않겠고만 어쩌다…

동생아, 내가 말이라 인자 늙었는게비라. 잘 살다가 자는 잠에 가야 될 낀데

언니야, 웰 다잉이라꼬 마이 떠들라 쌌더라, 편안한 죽음, 받아들임 이런 것들인가?

그케 말이여, 잘 살믄 됐지 죽는데도 잘 잘못이 있는 기여? 무신 정신으로다가?

그러게, 정신이 말짱할 때 말이지, 숨 넘어가는 판에

정신이 오락가락할 낀데 품위를 어떻게 지키냐고오~~

사람들이 살아가면서 자기 의지대로 선택을 하고 살아가지만, 죽음은 우리가 선택을 하는 게 아이라 죽음이 우리를 선택한다꼬 카더라

그 말도 맞네. 죽고 싶은 사람이 있겠어? 개똥밭에 굴러도 이승이 낫다는 말이 괜히 나왔겠어? 한 가지 분명한 건 육체적 생명은 유한하고 가지 않을 수 없는 길이 죽음이라는 거네

그렁께 너, 나 죽고 나서 후회 말고 있을 때 잘해

히히, 언냐 그러게나 말이라. 서로서로…

예전에 말이라 부처님은 제자들한테 납골당에서 시체 명상을 하게 했다네

그라마 오째 되는데?

오째 되는 기 아이라, 하나의 하심下心하는 방식 아닐까? 그게 잘 살고 잘 죽는 법이라꼬여겼을 끼고…

아~~ 그런가, 아리까리 하네?

그래, 어여쁜 여자를 보고 욕정을 느끼는 사람은 부풀어 오른 시신 위에서 명상하고, 자신의 곱고 아름다운

자태에 취해 엄청 뽐내고 사는 사람은 변색된 시신 위에서 명상을 하라꼬 시킸단다

아이고 참, 그기 산교육이다만, 현대판에는 안 믹히들겠제? 언니야, 시신 보마 무섭을 낀데 명상까지…

사람 마음이라는 게 생물과 같아서 하루에도 수시변동이라 안 카더나? 급하마 머든지 하게 돼 있다

그렁께 사람 아이가? 그것도 인정해야지 뭐~

그래 말이라, 인정할 거는 하고, 다만 다듬으면서 거게 가찹게 가도록 노력하는 기 또 인간 아이가? 그런 기 잘 되마 머 땀새 마음공부 마음수련 이런 거 하겠노 안 그렇나

그라마 올 웰다잉 교육 끝났나?

너무 마이 하마 머리 쥐난다. 올은 짧게 요것만 하자. 한두 가지도 아이고…

그래, 어쨌든 카르페디엠

인연의 길이

희정아, 우리 심심하다. 요새는 이야깃거리도 없고 쇼킹한 일 없나, 사는 기 무덤덤하네?

와, 너 사는 기 어때서 그카노? 잘만 사누만…

그래 숨만 쉬고 살마 잘 사는 기제. 숨을 못 쉬서 죽지. 그저께는 한참 살 나이에 심장마비로 죽었다 카는 이야기 들었다만, 사람 목숨이 파리 목숨이나 매한가지라

아이고 오짜노, 몇 살 묵은 누구라 카디?

인자 오십 대 초반이란다. 사람이 그렇게 남한테 폐끼칠 줄도 모르고 살았다는데 하늘에서도 그런 사람은 쓸모가 많은 게비여. 빨리 부르는 걸 보니…

젊디젊은 사람이 아깝다. 누군지 수소문 좀 해봐라

그시기 안 있나? 전에 와 건물 청소하던 종씨 동생이라케. 가~ 아나?

머라꼬? 가가 와 카노? 알다마다 오짜노? 아이고, 그 좋은 아~가 가봐야 된다. 장례 안 치렀제?

그렇겠지 어제라던데… 자식들은 지 앞가림하것지 뭐

그나저나 장례식장 가지 마라. 코로나 땜에 요새는

다 계좌로 안 보내드나? 수도권 외에는 다 풀렸다 카지만, 신규 확진자 매일 나오는 거 보니 불안하다

아이고 미치것다. 며칠 전 길에서 보고 언니야 얼굴 좀 보고 살자 그케 쌌디만, 허망하다 인생, 아무리 그래도 사진이라도 보고 와야것다

맘이 꼭 그러마 가 보든지 어쨌든 조심해라. 요새는 청첩장도 다 손전화기 하나로 해결 안 하더나?

그래, 내가 알아서 하께

너도 건강 잘 챙겨라, 언제 어떻게 될지 누가 알것노?

요새는 공단에서 쪽지 날아 오이께 건강검진 받으러 안 가나. 그런데 검진을 다 하나 기본이나 받고 오지. 그래 가~ 이상 없으마 그대로 살고, 있으마 큰 병원에 가고 그런 기지 머

모두 한창 살 나이에 저세상이니…

그래, 그렇지 뭐. 사는 기 퍽퍽~ 하이께네 지 목숨 지가 끊는 일도 흔하제, 교통사고도 많제, 살인도 마이 저지르제 하루살이다

비도 추적추적 내리제 기분이 착~ 가라앉는 기 오늘

따라 날씨랑 맴이 비~슷 하네

우리 이럴 기 아이라, 그카지 말고 점 한 번 보러 가보까 심심한데?

점? 잘 맞추는 데 있다 카더나?

양보살이라꼬 소문은 났던데 안 가봤다 이참에 가볼래?

에이, 난 전에 봐도 잘 안 맞더라

그라마 오짤래?

머, 그냥 앉아 놀자. 날씨도 꿉꿉하니 음악 들으면서

그래? 음악 머 듣고 싶냐?

가곡의 왕 슈베르트 알제? '마왕' 함 틀어봐라

엥~ 신나게 흔드는 대중가요 아이고?

야, 마음이 꿉꿉할 때는 더 꿉꿉한 걸 들어야 위안이 안 되것나?

그러까?

그래, 아버지의 애타는 마음에도 불구하고 아들은 마왕의 유혹을 이기지 못했구만, 쯧쯧

마왕의 목소리에 이끌리지 않았으면 생명이 꺼지지 않았을까?

의지가 강했으면 그럴 수도

인간의 내면에는 두 마리 토끼가 산다꼬 안 카더나? 어느 걸 꺼내 쓰느냐에 따라 달라지겠지…

에고, 어쨌든 꼽꼽하기는 마찬가지다. 그누무 마왕 땜시

그람 인자 신나는 니나노로 즐기 보자 마왕이 접근 못하게

빈대 잡으려다 초가삼간 다 태운다

아요 보살들, 너거 열무 있나 좀 주까?

어, 조라 김치 담가 묵어마 되겠다

김 보살, 나는 있응께 다른 사람 주라

그라마 너거 둘이 갖다 주께. 묵기 좋을 만큼 자랐더라

땅이 참 좋기는 좋아 그지?

땅 좋은 거 인자 알았나?

아이다 새삼 그런 생각이 드네

어떤 면에서 그렇단 말이고?

씨 뿌리 놓으마 자라제, 한 번씩 들여다보고 인사하고 그라마 저절로 쑥쑥 안 자라나?

그래 농부의 발자국 소리 듣고 커는 기 땅에서 나는 작물 아이가? 땅이 거짓말 안 한다 카디만, 팥 심구마 팥 나지 콩 안 나 그자?

팥 심구마 팥 나는 거 당연지사 아이가?

팥 심갔는데 콩 나는 것도 있네 이 사람아

그라마 땅이 아이것지~, 땅은 거짓말 안 한다. 요새는 비 마이 오제 기온 높제 땅도 말은 몬 하지만 혹사 당

한다

지슴 말이제? 그라이께 제초제 씨리 뿌리가~ 누렇게 떠서 비기도 싫더만…

땡볕에 그거 맬라 카이 땀은 나제 오짜겄노 약 뿌리야지

머, 요새 제초제는 땅으로 안 스며든다꼬 카기는 카더라만, 찝찝하기는 하지

이거저거 다 따지마 묵을 기 없다

너거들아. 열무 있제? 내가 밭에 가서 뽑아 논께로 남편이 보디만, 약 칬다 안 카나? 썩을니리 남정네, 도대체가 소통이 안 돼요. 말이나 하고 약을 치던지… 약 안 치니 열무 잎에 구멍 숭숭하니 보기 좋더만, 고새에 약을 치가지고 설랑, 에고!! 이때끔 오째 살았을꼬…

아이고, 그라마 다음에 묵으마 되지 열 내지 마라

한두 번이라야 말을 안 하지, 또 열 오르네

요새 열 나마 안 되는 거 알제? 의심 받는다 확진자인 줄, 크크

우리 주지 말고 좀 있다 갖다 팔아라, 열무도 비싸더라. 단이라꼬 묶어 놓은 기 잘아서 한 주묵도 안 되겠더라

그래, 맞아 식당이니 할 것 없이 가격 올리마 비싸다 칼 끼고 모두 양이 줄었더라, 그기 가격 오른 거나 마찬가지지.

아이고 참, 물가 너무 올라서 사는데 고통이 이만저만 아니여

그러니께 말이여, 서울 집값 올리마 촌구석에도 금방 따라서 올리제, 이누무 세상 집값 잡을라 카다가 줄줄이 엮이 가~ 온갖 물가 다 올리고 살아가기 난감하다

누가 아이라 카나 서민들만 죽어난다

그러게 말이여, 하는 짓이 왜 그랴? 앞에선 집값 잡는다 카고, 뒷구멍에선 한뭉 잡고

세상이 말이여 아이고, 살기 안심찮이여…

*안심찮다 : 안심이 되지 않고 걱정스럽다

사공이 많으면

서울 가 봤나 요새?

안 가 봤다. 와 묻노, 그거는?

질이 멀다 아이가? 버스 타마 세 시간 반, 집까지 갈라 카마 또 삼십 분 이상 가야 되제

하루 이틀 된 것도 아인데 그 말은 와 꺼내고 카노, 야가 심심하나? 서울 땅을 그라마 이쪽으로 내리오라 칼 수도 없고?

아이고, 서울 가서 공연도 보고 해야 되는데 못 가이 딱해서 안 카나, 까칠하기는?

군데군데 모이가~ 파티 벌이고 유흥주점 가고 그래 가지고 더 펜데믹 사태 아이가? 우리 인근 시에도 초등학교 선생이 유흥주점 갔다가 전염돼 가~ 저거 반 아들한테 다 퍼잤는가 그 반에 확진자가 여덟 명 나왔단다

머라꼬 참말이가?

그래, 그 옆 반에도 여덟 명 나왔단다. 줄줄이 아이가

그걸 그러키 못 참는가? 더군다나 아~들 갈치는 선생이 말이라

오죽 답답하마 갔겠나?

그것도 이해는 된다마는 이 시기에 안 답답한 사람 있으마 나와 보라케. 매미는 울어쌌제 기온은 날마다 오르제, 모이지도 몬 하고로 하제, 머 쌈박한 거 좀 없나?

있다 마, 너 나 따라 해 볼래?

머꼬? 갈치 도라

시키는 대로 할래?

그래 갈치 도라 안 카나

나하고 파크골프 치로 가자. 여행도 몬 가제, 요새 그기 최고다. 운동 되제 재미 있제

그기 머시 운동이 된다꼬 그카노?

아이다. 나도 첨엔 그캤는데. 몇 바퀴 돌다 보이 운동되더라

그라마 나도 델꼬가 도고

오냐 알았다

야, 친구야!

오찌 그리 안다이 박사가 많노?

그기 무신 말이고?

파크골프 말이라, 갈치는 사람이 많아 가~ 사람마다 말이 다르이, 발을 모우라 캤다가 벌리라 캤다가 오떤 기 맞노?

니 생각대로 하믄 된다. 그기 적응되마 니 껄로 맹글만 되고…

정답이 없는 기가 그라마?

정답이라기 보담 처음 하는 사람을 위해서 대충의 동작은 있는데 홀인만 잘하믄 될 거 아이가?

그것도 들어본께 그렇기는 하네

맞제? 시키는 대로 따라 할라 카마 스트레스받아 몬한다. 그라고 사공이 많으마 배가 어데로 간다꼬?

사람 사는 곳 다른 데 있나?

와! 이기 머꼬, 액자가?

흐흐 이거요? 한지를 구겨서 만든 작품이지요

문양이 고전적이고 한지하고 잘 어울리네~

문양은 사찰 건물에 있는 문양들인데 작품으로 표현을 했답니다

옴마나! 예술가시네, 한지가 어째 이런 작품으로 탄생한단 말이고? 신기하다

한지를 구겨 풀을 하고 색을 입히고 하는 작업들이 정말 힘도 들고 하지만, 나를 지탱해 주는 힘이자 믿음이랍니다

아이고 그래요? 나는 돈 받고 하라 캐도 몬 하겄네. 이거 맹글라 카마 시간 마이 걸리지요?

그렇지요, 시간도 많이 걸리고 재료비도 비싸지요

집이 좋구마 잘 가까서(가꾸어서) 그런지… 뷰~~도 좋고 꽃도 이쁘고 주인 닮았구만… 오째 이까지 들어왔소, 그래?

도시에서 살다가 이제 자식들도 다 컸고 산 좋고 물 좋은 곳으로 가서 편안하게 노후를 맞이하자고 여기다

가 집을 장만했는데 괜찮아요?

괜찮다 마다… 전에는 관에서 귀농 귀촌을 장려하던 시기도 있었지만, 뭐니 뭐니 해도 본인들이 살고 싶어서 오는 기 젤~~ 좋지

그렇죠, 우연히 여행 왔다가 이 동네 들렀는데 한눈에 딱 들어 오더라구요. 그래서 서슴지 않고 찍었죠. 요기는 내 꺼~~~ 하면서 크크

그거 아요?

뭐 말입니까?

이 동네가 터가 쪼깨 센데, 저게 먼~ 능선이 미녀봉으로 떡~하니 버티고 있제, 발가빗기 놔도 삼십 리는 간다 카는 동넨데 사람들이랑 어울리는데 애로사항이 많을 낀데…?

그냥저냥 잘 지냅니다. 좋은 분들 이웃해서 같이 식사도 하고 좋은 곳에 다니기도 하고 괜찮아요

그래도 사람이 좋으이께네 잘 어울리나 보네. 여게 말로다 삼평 가시나 다 때리 뭉치도 일 가조 못 당한다는 말이 있는데 텃세도 심하고…

크크, 사람 사는 동네 다 마찬가지 아닙니까?

그렇긴 하지, 지금은 질(길)도 잘 나 있고, 차도 있고 해서 모르것지만, 옛날에는 거창 올라마 굽이굽이 가도 가도 골짜기라 울고 들어와서 갈 때도 울고 간다 카는 동네 아인기요

그게 무슨 말입니까?

아이고, 힘들여서 와 보이 텃세도 부리고 서럽기도 하고 눈물 나지요, 그라다가 갈 때는 정이 들어 울고 간다는 동네다 이 말이요. 하긴 정도 많은 동네라 지내기 나름이지…

그렇습니까? 보니까 은근 텃세하시는구만

아이구 그기 아인데, 그러키 들리는 가베?

하하하~ 아닙니다. 그냥 해 본 소립니다

우리 안면 틋으이께 인자 마 잘 지내 보자꼬요. 드는 정은 몰라도 나는 정은 안다꼬 같이 오가미 얼굴 보고 지내다가 안 보이마 허전할 끼요…

맞나?

대현아 우두산牛頭山이라꼬 가 봤나?

안 가봤다. 그게가 오데고?

그것도 모르고 이때끔 머 하고 살았노? 먼 데서는 등산오고 난린데, 너도 참~ 딱하다

너 와 그리 구박이고? 안 가 봤을 수도 있지 별 꼬라지 다 보것다 에이 재수…

그렁께노 일만 꽁꽁하고 그라지 말고 임도 보고 뽕도 따고 그래 좀 살아라. 우리가 남은 인생 질다 싶어도 눈 깜빡할 새다

알아 듣고로 말해라. 등산 갖고 시비 걸지 말고

그것도 몬 알아듣나?

또 구박이가? 올 붙어볼래? 날도 덥은데…

치와라, 내가 너하고 붙어서 머 득 볼 끼 있다꼬?

이기 올 뭘 잘못 처묵었나, 말끝마다 지랄이고?

너거 그카다가 싸우것다 고마 해라, 우두산이나 가 보자

Y자형 출렁다리 있는 동네 말이가?

그렇지 잘 아네. 우두산은 말이지, 소머리를 닮았다

꼬 붙인 이름이란다. 풍광이 별나게 아름답다꼬 별유산이라꼬도 한다 카네. 그라고 출렁다리 있제, Y자로 된 데는 거창빼끼 없다케

그런가?

그래 쫌 알고 덤비라. 나도 무식하지만…

맞나? 그래논께 사람들이 딜이 밀었나 그때 말이라 주차장도 없어 가~ 생난리도 아이썼다. 무작배기 공짜로 문을 열어노니 안 그랬나~

누가 아이라, 방송 때리쌍께 구름 떼 겉이 우루루 모이든다 아이가? 인자 코로난지 뭔지 막아뿌렀다

그게 보마 천년사찰 고견사도 있제?

그 이름 오째서 고견산지 아나?

모르는데… 뭐꼬 말해봐라?

신라시대 고승 원효대사가 절을 세웠다 카네. 그때 전생에 와 본 곳이라 알고 있다는 데서 고견사古見寺라고 이름 붙있단다

와~ 너 유식하다. 촌에서 이만하마 유식한 기지

하나 더 갈카 주까?

또 있나? 퍼뜩해라 마, 뜸 딜이지 말고

그케, 산길로 가다 보마 쌀굴도 있다. 그게는 쌀이 철철 나왔다 아이가? 그라고 일본 천황이 태어난 곳이란다

그라마 일본이 우리 새끼란 말이가?

맞다. 그것들이 아무리 까불라 싸도 그래빼끼 안 된다

야, 너 유식이 철철 넘친다. 올 마이 배운다 그자

말투가 꼭 꼬우는 거 겉네

아이다. 입은 비뚤어지도 말은 바로 해야지. 유식한 거 맞다

맞나?

아이고 이야기 주고받다 보이 우리 출렁다리고 우두산이고 별유산이고 간에 앉아서 입으로 귀로 구경 다 했다

그래 인자는 좀 놀아 가민서 하자

그기 잘 되나? 일철 되마 시간을 다투고 해야 되는 일이라서 말이지

허허 참, 인생 머 있나? 끌고 가민서 살아라. 질~질 끌리가지 말고

그거는 끌리가는 기 아이다. 내가 맡은 일이고 직업

이라 그런 기지

니 말도 맞네. 농한기에 여행 갈라 카마 앞뒤 가릴 거 없이 일철에는 일을 해 놔야지

4부

선택의 선물

선택의 선물

야 태식아, 우리 오랜만에 막걸리 한잔하자

막걸리 좋~지. 저녁답에 나들가게로 오이라, 그 누님은 잘 사는지 궁금하네. 본 지 오래라…

그 누님이 누고?

와, 나들가게 안 있나, 순동이랑 재혼한 그 옥자 누님 말이라

아, 맞다 우리가 고향에 자주 오지를 몬 하니께 잘 모르것네. 잘 살고 있겠지 뭐

와~~ 누님 오랜만이요, 순동이는 어데 갔능기요?

아이고, 태식 씨, 무영 씨 얼마 만이고? 잘 묵고 잘 사는지 여전하시구만…

누님도 못지 않소 세월이 비끼 갔구만, 아직도 봐 줄만하요 고우시고 흐흐… 그래 지끔도 깨가 쏟아지요 어떻소?

아이고 말도 마, 남자가 한 집에서 쬐끔 사이께 변질이 되뿌리더만, 남자 다른 데 없더라

어째 변질이 됐단 말인고? 그라마 고소하던 깨는 다

곰패이 폈단 말이가?

자상하고 다정하던 사람이 고마 살 부비고 세월이 흐르이께 군림할라 카고 누가 갱상도 토배기 아이랄까 봐, 아침나절에 나가서 코빼기도 안 보이는구만

순동이가 그렇기요? 참 몬 보던 성미네…

저게 온다. 쉿~!

순동아 잘 있나, 오데 갔다 오노?

어이, 오짠 일이고 반갑다야, 휴가 받았나?

어, 휴가다. 코로나 땜에 안 올라 카다가 답답하기도 하고 고향 산천도 보고 잡고 이참 저참 우리 둘이 모치자꼬 전화해서 왔지

여보야, 막걸리 가지와 봐

순동아 누님한테 인자 말버릇이 없네

와, 내 말버릇이 오때서 카노?

누님 아이가 그래도?

그라마 맨날 누님 누님~ 카고, 이랬소, 저랬소 그카까?

그래 너 누님보담 나이 네 살이나 아래 아이가?

살다 보마 위아래가 어데 있노 남편은 하늘이고 마누

라는 땅인데

하이고, 이 꼰대 이거 쫓기 나기 늦었네, 지끔이 오떤 세상인데 조선시대 호래이 담배 푸는 시절 이야기해 쌌노? 너 잘몬하마 졸혼 당하겠다. 외롭다 카지 마라이~

치와라, 내가 고분고분 하이께 기 오를라 캐싸서 안 되것더라. 이것도 연구 결과 아이가?

하하 그렇나? 늦장가 들어가 서로 양보하고 배려하고 나눠 묵고 해야지 철 좀 들어라

에고~~ 모르것다 한잔하자

철 늦은 인생을 위하여 건배!

야 순동아, '인생은 어떤 것이 아니라 항상 어떤 것이 되는 기회, 바로 그것이다.' 이 말 누가 했는지 아나?

내가 오째 아노 임마, 그런 애매하고 철학적인 말은 나한테 하지 마라. 나는 현실적이라 오늘 나한테 주어진 일빼끼 모른다

가마이 있어봐라. 그 말 들어는 봤는데 이외수가 했든가?

그런가? 이외수 졸혼 풀었더라. 불쌍하이께 지 마누

라가 고마 봐 줬는 갑더라

허허 참, 서로 옳다꼬 그케 쌍께 닭이 먼전지 계란이 먼전지 모르겄다만, 누구나 마음이 가는 대로 따르마 되것지만, 이것도 선택의 문제 아이것나?

뭣이 선택의 문제란 말고?

니 감정에 따라 행동을 하지 말고, 저 사람 행동을 바까보자 생각해 봐라 그라마 오째 하마 되겠는고…

아! 그 자식 애럽게 말하네, 친구 맞나?

그래 임마, 친구 맞다 오짤래? 그렁께 이런 이야기 해 주지

상대를 바꾸고 싶나? 상대는 니 거울 아이가? 똑같이 대들지 말고 대가리 굴리 가~ 덤비 봐라. 더군다나 누님한테 말이지

오째 하란 말이고?

아! 이 빙신 새끼 서로 더 기 오를라꼬 용쓴다 아이가 둘이서?

알았다 이 자슥아, 휴가라꼬 와서는~~ 훈계나 할라꼬 들고 친구 정떨어질라 칸다. 술이나 처묵어라. 니 말 알았다 무신 말인고…

추억

니 및 살이고?

언니야 나(나이)는 머 하로 묻노? 요새는 나 물어 쌌는 거 실례다

그라마 궁금한데 오짜라꼬?

나 든께 지 나도 아리까리 한데 뭣이 그리 궁금하노? 백신 온제 맞았는지 물어 보마 대충 답 나온다

하하하, 그렇나? 백신 참 골고루 쓰이네. 허~~참

어제는 비가 쏟아지 가~~ 친구네 농장 가서 부침개 꿉어서 한 접새기씩 묵고 막걸리도 한 툭바리씩 마시고 고즈넉하니 좋더만…

그래, 비도 자주 오마 큰일이지만, 어제처럼 뜨겁을 때 한 줄기 때리뿐께 시원하니 고맙더라. 머든지 잦으마 지겹고, 아쉬울 만할 때 나타나마 좋은 기라

그런가? 다음에 비 오마 달구 새끼 잡아서 꼬장카리에 끼와 가~ 숯불에 꾸 묵어 보자

그라까? 벌씨로 꼴깍 춤 넘어가는 소리가 난다

잘 묵고 건강 잘 챙기고 그기 잘 사는 기다

어제 장대비 오이께 그거 생각나더라

머 말이고

와, 시 안 있나? 봉숭아 들어가는 거 중학교 땐가 교과서에 나왔지 아메? 너 그거 노래 한 번 불러봐라

노래는 울밑에 선 봉선화야~~ 카는 그거 아이가?

이것도 노래로 했다 모르나?

봉선화 / 김상옥

비 오자 장독간에 봉선화 반만 벌어
해마다 피는 꽃을 나만 두고 볼 것인가
세세한 사연을 적어 누님께로 보내자
누님이 편지 보며 하마 울까 웃으실까
눈앞에 삼삼이는 고향 집을 그리시고
손톱에 꽃물들이던 그날 생각하시리
양지에 마주 앉아 실로 찬찬 매어주던
하얀 손가락이 연붉은 그 손톱을
지금은 꿈속에 본 듯 힘줄만이 서누나

그런 구닥다리 노래 누가 요새 부르더노? 테스형이라면 몰라도 안 그렇나?

야! 추억에 구닥다리가 어데 있노? 그렇께 추억 아이가? 안 할 말로 우리는 코로나 설친다꼬 다섯 명도 몬 모이고로 하민서 테스형 부르는 홀에는 그리 모이도 와 말도 안 하고 놔두던고?

그거 뿐이가? 말 할라마 한정 없다. 거는 대로 안 가나 코에 걸던지, 귀에 걸던지…

그건 그렇고 우리가 추억 이야기하다가 와 이카노? 봉선화를 봉숭아라꼬 그랬제? 백반이랑 같이 돌로 찧어 손톱에 얹고 실로 창창 묶었지

철없고 걱정 없고 묵을 것만 있으마 그저 즐겁던 때 아이가?

그라마 지끔은 무신 걱정 있나?

아이고 많지, 말로 다 해서 뭣 하겄노? 치와라 생각 안 할란다. 좋은 시절 다 갔다

지끔이 호시절인데 와 그 카노?

그래 그 말도 틀린 말은 아이다. 생각 나름 아이가…

정신일도

생각이 안 난다 오짜노?

뭘 말이고? 말을 해봐라

뭐든지 인자 자꾸 까묵고 얼굴은 떠오르는데 이름이 생각 안 나고 에고… 물건이고 사람이고 간에 형상은 떠오르는데 이름이???

우리도 인자 다 됐는갑다. 그런데 말을 해라 답답다

와 안 있나 외국 배우 잘생긴 사람 인자 마이 늙었더라, 생긴 거야 오데 가겠나 마는 말이지… 와, 마이 엔드리스 러브~~ 카는 거?

어~ 있지, 깎아놓은 밤톨 겉이 생깄다 맞제?

글치글치 가~ 이름이 머더라?

그 그 끝없는 사랑, 톰크루즈 아이가 야야

딩동댕 오! 쓸만한데 아직

가~는 늙어도 멋있는 오빠야다. 만인의 오빠야 히히

참 그 영화 보고 그럴 때는 한창때 아이가 그자

배우들도 남자고 여자고 간에 인물 따라 역을 맡는다 아이가? 잘생기고 봐야 된다

그렇께 말이라. 몬 생깄으마 밥도 묵지 말까?

그거는 아이지. 이왕이마 다홍치마라꼬 보기 좋은 떡이 묵기도 좋다 안 카더나

얼씨구, 때깔 좋은 개살구도 있다 아이가?

야, 그나저나 추석 밍절에 또 재난지원금인가 준다 카데?

그캐쌌데 뉴스에, 경기도는 뭐 전 도민 다 준다나 뭐 그카데?

와 그카는지 그거 잘하는 짓이가 뭐꼬?

모르겄다. 나라 빚이 일천조가 다 돼 간다 카던데 우선에 손에 떡 쥐 주마 좋겠지, 그런데 몬 갚으마 오째 되는고 알 낀데 그러쌌네. 골빙은 누가 드는데? 주는 것도 선별해서 필요한 사람들한테 조야 귀한 줄 알고 쓰지

그렁께, 지 돈 퍼주는 것도 아이고 우선에 빚내서 인심 쓰고 낭제 오째 될 갑세~~ 이건 아이라꼬 봐

쯔쯔 집안 망하는 꼴 볼라 카나? 지난번에도 재난지원금 준께 전부 소고기를 사 가지고 자슥들한테 올리 보내서 냉동실이 그득하고, 그래 가~ 고기가 동이 낭께 또 값이나 올리고 그랬다 아이가

그뿌이가? 세금 올린께 월세 올리제 집값이니 물가 다 올리제

그러게 말이라, 마스크니 재난지원금이니 백신이니 전부 배급 아이가, 인자 배급에 슬슬 물들어 갖고 낭제 호주머이 탈탈 털리고 양식도 배급받고 그 카는 거 아인가 몰라

궁께, 서서히 뜨거워지는 물에 디지는 줄도 모르는 깨구락지 겉이 된통 당할라꼬 말이라. 정신 채리야 될 낀데…

물든다 물들어, 만산홍엽만 아이라…

인생의 답은 어디에?

야! 니 얼매 만이고? 우리 초등학교 졸업하고는 처음이다. 오데 살다가 왔노? 환갑 넘어 귀촌하이 좋더나?

그래 가시나야 좋다. 젊을 때는 도시 떠돌다 보이 인자 고향이 편안하다. 몸은 늙었어도 그때 그 마음

너 그때 나 좀 좋아했제?

그런데 와 카노 늙어 가지고, 가시나 코대답도 안 하디만…

생각이 나서… 추억의 한 페이지다 이것도 히히

우리 인자 이름 부르지 말고 가시나로 통일하까?

그래 좋아, 넌 머스마로 통일하자 됐제

됐다 마, 화끈하게… 우리 옛날에 소 믹이로 다니고 삐삐 뽑아서 껌딱지처럼 씹어서 묵고 그랬다 아이가?

그것만 있나? 망개도 따 묵고 정금도 따 묵고 깨금도 따 묵고 다 자생식물들이라 재배해서 먹는 것하고는 비교가 안 되지, 지끔은 그런 거 묵기 애럽다

야야, 야관문이라꼬 있제, 남자들한테 좋다 카는 거, 나는 그기 뭐 특별한 풀인가 했디만, 우리가 소 믹이로 댕길 때 맨날 보던 깅기떼라꼬 그거데? 꺾어다가 빗자루

도 맹글고 줄구리로 소쿠리도 맹글고 하던 그거더라

맞나? 신기하다. 이름도 모르고 약효도 모르고 벌로 꺾어다 묵고 맹글고 했다 그때는…

그래, 옛날 한약방 하던 분들은 잘 알 낀데… 이런 시절이 올 줄 모르고 살았지. 어릴 적에는

모르고 사는 기 좋다. 예상하마 걱정되고 걱정하마 병 오고, 있제 소금 장사하는 큰아들과 우산 장사하는 작은 아들을 둔 노모는 비가 오마 큰아들 걱정, 맑은 날은 작은아들 걱정 일 년 내내 걱정 끼고 산다 안 카더나?

요새는 코로나 안 사라지서 걱정이다. 전에 독감이니 메르스니 사스니 다 겨울 지내고 나마 게눈 감추듯이 사라졌는데 무신 일이여 이게?

짧고 굵게 해치운다 카디만도 무슨 입인지 입술에 금테를 둘렀는지 말은 잘하데

요새 국민들 다 마루타인 거 알제?

전염병 퇴치한다꼬 백신 맞으라 카는데 맞은 사람도 걸리고 맞으나 마나 나는 진짜 맞기 싫은데 오데 나다닐라마 제약받을까 봐 맞았다 아이가?

너는 가시나야 정부에서 시키마 시키는 대로 복종을 해야지 버티만 되나, 맞으라만 맞고 마시라만 마시고 죽든가 말든가 그거는 본인 몫이다. 백신이랑 연관성 밝힐라 카마 죽어 나가도 몬 밝힌다. 연관성 없다꼬 잡아떼마 그만 아이가 안 그렇나?

그렇지, 우매한 국민이 오째 알겠노? 목소리 큰 놈이 이긴다

그렁께 잡아떼야지 안 그러마 국가에서 배상해야 되는데 그럼~~

뉴스 봐라 나라 곳간도 텅텅 비어 간다꼬 걱정하디 하루아침에 탄탄하다꼬 말 바꾸기 하는 거 좀 봤나? 밤새 우렁각시 왔다 갔는가?

우리도 앉아서 한탄 말자 백날 걱정해 봐야 나오는 거 없고 행동으로 옮기자. 현장에 답이 있다는 거 알제?

세월이 약

아이고 김 여사, 그래 맴이 맴이 아이제? 마이 묵고 기운 내 어짜것노?

그래 친구야 고맙다. 간 사람이 불쌍치. 그럴 줄 알았으마 있을 때 잘할 걸

그렁께 모지랭이가 인간 아이가? 부모님도 가시고 나마 몬 한 거만 생각나고 후회되고…

넘 부끄러바 밖에도 몬 나간다. 나는 빙신이라. 아무것도 몬 해. 전부 아 아바이가 다 하고 용돈 주마 그거 받아쓰는 거 빼끼 안 했어

세월이 약 아이가?

물건 정리하다 봉께 가계부 적은 기 나오더라. 가계부도 그 사람이 깨알 겉이 안 적어 놨는가베. 그거 보고 있다가 또 울고…

약제이가 젤 싫어하는 노래가 세월이 약이라 카는 거 있제? 세월이 가고 덮이고 하다 보만 상처도 아물겄지?

님이 갔는지 왔는지도 모르고 세월은 잘도 흐르겠지…

야 김 여사, 전화 왔다. 좀 기다리라

여보시오 뉘 찾소?

예 어무이, 거기 동네 까자(과자)가게 맞아요?

그거 때리치운 지 오래됐는데 와 카노?

그라마 아들이 안 합니꺼?

안 하는데 때리칬따 캉께 와 자꾸 난리고?

아들이 할 낀데?

머라 카노 안 들린다. 좀 크기 말해라

가게 그만뒀다꼬요?

안 들린다 카이 무신 말인지 도대체가 모르것다. 내가 귀가 어덥아 가 잘 안 들리…

머라 카더노?

가게 때리칬다 카는데도 자꾸 아들이 하는가 묻고 그래서 보이스피싱인가 싶어가 계속 잘 안 들린다 카이 에이씨, 카민서 전화를 탁 끊어 뿌리네

갱자야 너 와 그리 똑똑노? 사기전화 그런 것도 금방 눈치 채고 나는 빙시이다

야! 빙신이 오데 있노? 맨날 토닥거리던 냄편 멀리 가

뿌이 정신채리야지 오짤 것고? 온젠가는 다 간다. 별수 있나?

그런가?

우리 힘 합치가 인자 즐겁게 살다 가자. 늦고 빠르고 그 차이지…

알았구마, 니마 믿고 살 끼다. 그래서 친구 아이가?

그래, 우리 나이에는 인자 지나간 일 회상하고 그라민서 사는 거 아이가?

알았다 카이…

김 여사, 저번에 텔레비 봤나? 이순재 씨 대단하더라. 88세에 연극대본 다 외우고 젊은이 못지 않더라. 우짜든지 건강하고 정신 똑바로 채리고 살자

알았어, 알았어 친구야 고맙데이…

서당개 삼년이라 카디만

야야 세윤아, 너거 할매 머 하노?

울 할매 디비 자는데예

식곤증이 도졌나? 대낮에 무신 잠을, 깨와 봐라

그라마 찌랄 할 낀데예…

자가 머라카노? 아이고, 어이 엄따

어무이, 와 카는기요?

어른 말 따라 하는 것 좀 봐라 큰일이데이

내비두소 크마 괜찮을 끼요. 무신 말인지도 모르고 따라서 카는구마

될성부른 나무는 떡잎부터 알아본다 카는데 애비가 돼 갖고 설랑?

그라마 오짤 끼요? 어른들이 말씨를 잘 쓰야지

차암~ 너도 얼척 엄따, 넌 어른 아이가?

포크레인 하는 친구 안 있소? 용도 말이라

그래 가가 와~

가~ 딸은 미스 킴 커피 좀 시키봐 그 카더라 카이

그거는 또 무신 말이고?

사무실에서 기사들 들락거리미 미스 킴 커피 두 잔

그케 쌍께로 따라 하는 거 아잉기요?

아이고 내가 몬 산다

가~는 엄마가 캄보디아에서 왔다요

다문화가정인가 그거 아이가? 그라마 다 그카나?

가~ 엄마가 아직 우리말이 서툴러 가 아~를 사무실 델꼬 나온께네 따라 해서 안 그렇소

아이고 떡잎 때 잘 보살피야 될 낀데 큰일이네

걱정 마소 마, 요새 아들은 영리해 갖고 직통버스 타고 서울 갔다 친구랑 점심 묵고 오마 금방 서울 말 배우고 그라요

나는 핑생 서울을 올매나 들락거리도 서울 말 안 나오더라

그렁께 어무이, 우리는 다 한 물 가서 그렇고 요새 아들은 안 그렇다니께

내사 모르것다. 니가 알아서 해라

어무이, 다문화가정이라는 기 따로 있는기요?

그라마 따로 없나?

한 지붕 아래 살아도 문 탁 닫고 들어가 지 지굼 지

할 짓이나 하고 부모 자식간에도 문화가 다르이 일 인일 문화 아인기요?

그기 무신 말이고?

세상이 달라지고 문화가 자꾸 바뀌고 하이 자슥들도 진화를 하고 어무이 자슥 키울 때 생각하마 오산이오

야가 또 귀신 씻나락 까 묵는 소리 하고 자빠졌네

어무이 보소, 그런 말 짜구 써 쌓께 조막디만 한 꼬맹이들이 따라 안 하요?

허~~ 참, 웃물이 맑아야 아랫물이 맑다 카디만~

찬 바람도 맞지 말자

바람이 마이 찹다

겨울인데 그라마 찹지 따신가?

그래, 니 말도 맞다. 겨울인데 찹지 따시겄나 아이고, 그런데 와 그케쌌노?

뭘 말이고?

와 끙끙 앓는 소리를 해싸?

아이고 나(나이) 든께로 안 그렇나?

나가 어떻다꼬 나 잡고 난리고?

너는 그라마 나 드는 것도 몬 느끼나? 느끼는데 모르드끼 하는 기가?

마, 이래 살다 나 더 들마 죽는 기지 별수 있겄나? 그기 서글픈 기라. 나 들마 계획도 엄꼬 희망도 가지만 안되는가 싶어가… 노화 이꼴 죽음, 이거 성립하나?

에고 생각하마 끝도 엄따. 노화는 분명 죽음으로 가는 길은 맞는데 죽음만 바라보고 희망도 없으마 그건 또 머꼬? 산송장 아이가?

그케쌌지 마라 이 말 저 말 다 필요 엄따. 내일 지구의 종말이 온다 케도 오늘 한 그루의 사과나무를 심겠다

꼬 누가 말했노? 오늘은 오늘일 뿌이다

야 삼연아, 너는 마 친구 간에 뭘 그리 씨버리 쌌노?

아야 왔나, 자가 하도 우울한 소리를 해 쌌길래 내가 일장연설하는 중이다

친구야, 가도 그럴 나이가 안 됐나 내비둬라

야들이 시방 나 갖고 노는 기가? 나는 마 내 몸 성하마 맨날 계획 세와 가미 살끼다

하모하모 그래야지, 누가 뭐라 카나?

주인 없는 배

어야 친구야, 우리 참 오랜만이다. 너 요새 소설도 읽고 하나 오짜노?

머선 소설 말이고, 소설은 쓰는 거 아이가? 쓰거나 읽거나 간에 인자 돋보기 끼고 눈 찡거리 가미 쪼매마 읽으마 골이 지끈지끈~하다

나는 요새 돋보기 끼고 소설 읽는다 아이가, 불면증 치료제가 책 아이가? 한 바닥 읽어 내리가마 눈꺼풀이 무거워진다

뭔~ 책인데 재미 있더나?

야, 고구려라꼬 역사소설인데 눈꼽째기 더 찌기 전에 좀 읽어 볼라꼬

그래 너 지성인 아이가? 입 좀 열어 봐라

다 아는 이야기지만 지내온 역사는 전쟁을 잘 치러야 나라가 살더라 아이가?

말이라꼬? 칼이고 창이고 휘둘러 가~ 이기야지

그기 주로 남정네들의 속성 아이가, 치고 들이받고 이기야 되고…

그래 총칼 들고 전쟁이라면 남성들의 전유물이지 그

런데 고구려가 어째 됐다꼬?

심심할 낀데 너도 읽어 봐여

나는 책하고는 담 쌓은지 오래다. 늙었다 인자

봉께로 왕이라꼬 다 같은 왕이 아이더라

그때는 오짜든지 남의 땅 따묵기를 잘 해야 되는 거 아닌감?

그케 말이라. 고사유라꼬 고국원왕 있제, 그 왕은 백성들이 제일의 왕으로 치더라

와 오째 했노? 막 퍼다 줏다 카더나?

전쟁 일바씨서 땅 따묵기 하는 거 보담 백성이 핀한지 그기 우선이라꼬

맞나? 공돈 싫어하는 사람 없겠지마는, 요새 우리 백성들은 대가 없이 퍼 주는 걸 억~씨기 좋아하더라 맞제

그렁께, 일할 능력이 되는데도 논다이 한다 안 카나, 공짜 복지에 중독이 돼 갖고? 그 덕분에 일하는 청년들은 박탈감 온다꼬 캐 쌌더라. 근데 와 이리 이야기가 빗나가노? 소설이야기 해봐라

흥분하지 마라. 긍께 그 왕은 핑생 갑옷을 안 입었다케

그런가? 전쟁이 무섭거나 소심해서 그런 건 아이구?

전쟁을 치르자마 백성들이 다치고 궁핍해진께 갑옷을 멀리 했단다

맞네, 백성들은 징집 당하제, 몰수 당하제, 목숨은 뒷전이고 초토화된다 아이가? 어질고 현명한 임금 맞네. 인자는 힘 빼고 전쟁하마 안 된다. 문화 경제적으로다가 야금야금 파 묵어야지 안 글나?

글씨 그것도 틀린 말은 아이네. 지도자의 역량에 따라 마이 달라지겠지…

야, 그나저나 요새는 오디오 북이라꼬 눈 감고 들으마 되는 책 있더라

그라마 책을 귀로 읽는기가? 그 차암~

그래, 늙으이들 좋은 세상 아이가, 비릉박에 칠하지 말고 건강하기 목숨 부지하거라

인자 한물갔다. 책 피마 눈앞에 초파리 어른거리서 글자 똑띠기 안 보인다

그케, 뒷방 늙으이 소리 들을라? 그래도 사십여덟 장짜리 동양화 공부할 때는 눈이 반짝거리제?

그렇기를… 맨날 동양화 공부만 하고 있을 수도 엄꼬, 야동만 보기도 그렇고 꼴에 지성인이라꼬 소설을 귀로 읽어보까?

우리네 사는 것도 다르지 않네. 소리 엄는 전쟁~ 꼭 피 흘리는 것만 전쟁이가?

글씨, 잘 하고 있제?

공짜가 넘치난께 서로 뜯어 묵을라꼬 난리도 아이다

다 베리났다. 입만 열었다 카마 이름 붙이가 펴 주기 바뿌다. 지끼가 내끼가?

아이고 그케, 주인 엄는 배 아이가?

입구는 있어도 출구는 없다

야~ 호식아, 너 요새 머 하는데 코빼기도 안 보이노?

나 바빴다 아이가? 장인 장모님이 쌍으로 몸져 눕었다

그렇나? 큰일이네 그래가~ 오째 됐노?

멀 오째 돼? 빙원 신세지. 아이고 마, 말도 마소. 죽이 끓는지 밥이 끓는지 원

오데가 안 좋아서?

노빙이 전신만신 성한 데가 있나?

야, 우리 어무이도 노인대학 갔다가 다리 삐가 뿔라지서 기부스했다

글나, 아이고 노친네들 참 어이엄따. 잘 붙어야 될 낀데 걱정이네

인자 백수白壽가 코앞인데 삐가 성하겠나? 구멍이 숭숭~ 뚫리가~ 골다공증이라 카더라

에고, 누가 늙어라 캤나? 맘 핀하게 묵고 하는 대로 해 보자

노친네가 살 뺀다꼬 굶고 다이어트 약 사 돌라꼬 난리 부르스디만 쓰러질까 걱정이다

젊은 아~들 요새 살 빼는 약 마이 묵더라

가~들이사 젊었으이 그렇지, 날씬하고 이뻐마 한 분 더 대시도 안 하겄나?

젊으이들도 다이어트 할라마 운동하고 쪼끔 묵고 하지 약은 머할라 묵는지?

운동도 심이 들고, 입 땡기마 안 묵을 수 엄꼬, 한 알로 끝낼라꼬 카겠지

가마이 있어봐, 노친네가 살 빼가~ 누한테 잘 보일라꼬 카노?

노인대학 입학하디만 친구 오빠라꼬 노상 전화 주고받고 하데. 그카디마는 하루는 다이어트 한다꼬 독장 지기쌌데

그라마 둘이 눈 맞았다 말이가?

그거는 모르겠고, 지난 생신 때 집사람한테 팬티랑 브라자 야한 거 사 돌라꼬 그카더라. 차암~ 시대 변천사가 따로 없구만

아야 친구야, 바람이 들기는 들었구마. 인자 그 연세는 약으로 살 빼마 안 된다

글씨 말이라. 나이 들마 장기도 기능이 떨어지고 소화도 안 되이께네 적게 묵으니 저절로 살이 빠지던구만…

누가 아이라 카나, 저절로 될 낀데 야단법석이네

그란에도 요전에 10대 20대들 다이어트하는데 나비약이라꼬 난리 아이더나?

나비 잡아였나? 그기 와 나비약이고?

크크, 붕어빵에 붕어 있더나? 나비 모양으로 생깄다꼬 나비약 아이가?

그렁가? 그 약이 오쨌다꼬?

빨리 살 뺀다꼬 한꺼번에 마이 묵어가~얄궂어서 죽다 안 살아났나?

그래, 들어봤다. 그기 마약 성분이라꼬 그카는 겉더라

하여튼 잔대가리 잘 돌아가요. 처방받아 인터넷서 팔아 묵다 잽히기를 안 하나…

그려, 머든지 발 딜이 놓기는 쉽어도 애지간이 독한 맘 안 묵어마 빠져나오기 힘들다

하던 대로 하고 살지

매미 운다 매미 운다 와 저리 아침부터 곡성이 요란할꼬?

야야, 가가~ 할 일이 그거빼끼 더 있나? 머시 그리 궁금해 싸서? 몇 년을 꺼꺼부리한 땅 속에서 수액만 빨아묵다가 나와서 성충이 되니 울 빼끼?

얄궂어라, 가~들이 와 굴속에서 그래 사노, 땅속에 몇 년이나?

5년에서 7년 정도라 카지 아메?

그거 참, 희한하네. 그리 오래 유충으로 있는다꼬?

그런 게비라. 내가 연구를 안 해봤으이…

그람 5년을 넘게 숨어 살다가 한 철 울어 제낄라꼬 나온다 말이가?

쭈케 한 달 산단다. 메뚜기도 한 철이고, 누구나 다 한 철이 안 있나?

그거는 또 머선 소리고?

생명 있는 모든 거는 본능이 안 있나? 종족번식 말이라. 씨를 퍼자야지

그라마, 저기 씨 퍼줄라꼬 용쓰는 소리가?

하모하모, 수놈이 저래 울마 암놈이 자기 부르는 소리 줄 알고 슬금슬금 찾아온단다

그래가~?

머시 그래가~? 암수 만냈으니 머 하겄노? 그래 가~ 알 낳고…

그라마 암놈은 목이 쉈나 같이 안 우는 가베?

수놈만 우는 거는 매미뿌이라케. 암놈은 와 알 낳고 소리도 몬 내고 애쓰고 그래야 되노?

그렇께 말이라. 낸들 알리오?

그래 강산이 멫 분이나 바꼈노? 울어제끼. 암매미 겉이 사는 기 아이다

오째야 돼?

자꾸 울어야지 맴맴맴맴…

나는 어제 일 냈다.

와? 자슥한테 욕 들어 묵을 짓했나?

콩국시 해 묵을끼라꼬 콩을 불갔어

그런데 와? 그기 오째 됐다꼬?

정신줄 놓고 있다 콩을 너무 팍~ 삶아 가 메주콩 됐다. 콩국시 몬 해 묵었다

자알~ 했구마. 요새겉이 덥은 날 소뿔 우에 달걀 쌓을 궁리나 하고, 시건텡무리 없는 짓했구마. 고마 한 그륵 사 묵지는 안 하고

덥어서 장에 가기 싫제, 비싸제, 냉털이나 해야 되는데 말이라. 하던 짓이나 했으마 쯔쯔…

그래도 한 번 뿐인 인생 안 하던 짓도 해 봐야 재미있다 카이…

그라마 우리 놀아보까, 가깝은 대구부터 가 보까?

대구 가만 머 하노?

남자들이 여자로 변장을 해 가지고 여자들 가마 서비스가 이만저만이 아이라케

야! 그런데 한물갔다 인자. 하던 대로 하라 캐도 그카네

그래, 시내 가서 아이쇼핑도 하고 진짜 쇼핑도 하고 놀다가 오자

日新 又 日新 일신 우 일신

아이고 마 인자 날이 쌍그레지니 서글퍼질라 카네

여보, 그기 뭔~ 소리고? 와 서글퍼진단 말이고?

순동아, 말끼 몬 알아 듣겠나? 찬 바람 나니 맴도 찬 바람이 난다꼬…

남편이라꼬 옆에 있어도 그렇단 말이가?

남편도 남의 편 같애 가~

내가 잘 해 주잖아 어째야 되노 그라마?

낸들 아나? 으스스 낙엽 질라 카마 그런 걸 오짜노?

여자들이란 참 알다가도 모르것다

그게 여자가 와 나오노? 남여 뚜디리 뭉치서 사람이라 캐라

아이고 잘몬했소. 사람 마음은 알다가도 모르것다 됐나?

흐흐, 웃고 말지요. 파리 모기가 기승을 부리가 때리잡아쌍께 모기가 하는 말, 니 새끼 콧구멍에 콧물 흐를 날도 얼매 안 남았다 카디만~ 시절은 몬 속인다

우리도 인자 가을로 가는 나이가?

가을로 간다꼬?

아! 은행잎 물들라 카네. 아! 내 맘도 물들라 카네

가을이라~ 쌍으로 노랗게 물들어 보까?

너도 들고 나도 들고 흘러가는 세상 시절 따라 물들어 보자

여보야, 시인 났네. 어젯밤 자다가 잠꼬대를 했나, 와 시를 읊고 난리고?

순동아이~ 너는 이 좋은 가을에 누구나 시인이 되는 거 모르나?

여자들 감성을 누가 따라 가겄노? 근데 아무리 연하남이지만 와 자꾸 남편 이름을 불러싸?

부르디 말디, 또 여자가? 나 같이 몬 살겄다. 감성이 있기를 하나? 올 킹받네

여보야, 정신 채리라. 누가 너를 돌봐 준다꼬? 셀프케어 해라. 내가 내 맘 알지 누가 내 맘 알겠노?

내가 내 맘 케어 할 줄 알마 킹받겄나 이 사람아

그건 그렇다 마는 남편이 몰라 주이 답답하단 말이제?

글치, 그래 나와야지

그라마 요새 핫한 금쪽상담소 오 박사한테 물어 보까? 속이 시원하게 뚫릴란가?

오 박사가 우리 만날 겨를이 어데 있다꼬?

아니 이왕 사는 거 즐겁고 재미있게 살 방법이 있으마 그것도 좋잖아, '결혼지옥'이라꼬 테레비에 하데. 그거 출연 신청해 보자

아이고 동네 망신도 모지라서 방송에 나가 전국 망신시킬 일 있나? 내비두소 고마

아이라 캉께, 지난번에 빼빼 부부 상담하는 거 보이 조목조목 짚어서 정리를 해 주더라

빼빼 부부가 뭔데?

이십년 동안 살빼 & 못빼 부부라꼬 빼빼부부라 카데. 사연은 우리하고 다르지만~ 이럴 때 방송도 타 보고 좋잖아~~

변화는 곧 삶의 영양제다

선희야, 너는 요새 뭐 하노?

나 요새 재미 붙인 데 한 군데 있다

머시 그러키 재밌더노?

요새 핫한 거 안 있나?

그기 뭔데 가시나야, 빨리 말해라 마

아이고 요새 마 사과 잎 따야 되제, 인자 농사짓기 지겹다 아이가? 그래가~ 남편이랑 약속했다. 일주일에 하루만 내 맘대로 하구로 내비 두라꼬

그기 다가?

아이다

가시나 디기 뜸 딜이네. 썽질 급한 년 숨 넘어 가겄다

호호, 용골나제? 그래 가~ 나 유투브 배우로 매주 간다 아이가?

그렇나? 나도 델꼬 가지. 혼자 살째기 갔디가?

아이고 마 물어볼 여게도 없이 좋다구나 하고 갔디라

따라 가겠더나?

진짜 재밌어. 모르는 거 배운께 진짜 살맛나네

그러키 재밌더나?

야, 살맛이 달리 있겄나?

그건 또 뭔~ 소리고?

주야장철 남편이랑 붙어 면상 마주 보고 일하다가 너 곁으마 안 좋것나?

그래, 큰소리 칠 때도 됐다. 인자 이것도 나이라꼬…

큰소리 몬 친다. 온갖 아양 다 떨어가미 꼬실라 논께 발쭘하더라. 그래가~ 허락 받았다 아이가?

너는 그래도 손톱은 들어가네. 나는 얼른도 없다. 문디이 버들강아지 따 묵고 배 앓는 소리 한다 캄시로 씨알도 안 믹힌다

참~ 안 바뀐다 그자, 쫌 공부는 니가 할끼 아이고 너거 남편을 시키라

그거 좋은 생각이네. 일주일에 하루 내보내야겠네. 누이 좋고 매부 좋고, 도랑 치고 가재 잡고, 마당 씰고 돈 줍고 흐흐흐

알제? 이건희 삼성회장님 왈, 마누라 자식 빼고 다 바꾸라꼬 그 말이 왜 나왔간? 그래, 바꾸고 접어도 몰라서 몬 바꾼다. 아! 올 기분 좋네. 친구 만낸 본치 있네.

그렇기를… 듣고 배와야 돼

선희야! 가방 싸지 말거라이~~~

人生인생은 순리대로~

허허 차암, 빌 희한한 일 다 보겄네

와 뭉구야 뭔 궁시렁이고?

아재요 그 그기 아이고 올 새 새복에 빌누무 꼬 꼬라지 다 안 밨는기요

너는 와 그리 말을 더듬어 쌌노? 알아 듣고로 이야기 좀 해봐라

내가 총각 아잉기요. 새복에 운동 가는데 담장 밑에서 개 두 마리가 쌍나발을 불어가 간 다 떨어지는 줄 알았소

너 총각인 줄 모르는 사람 있나, 총각은 또 와 그리 강조하노?

꼭 그래 티방을 조야 되겄소. 말하는 총각 무안코로…

보아하니 너 인자 장개 들기 텄다. 말은 더듬어쌌제, 인물이나 반반하기를 하나 나(나이)는 들었제, 썽질머리하고는 누가 올라 카겄노 쯔쯔

그걸 나한테 물어마 어짜요? 아침부터 빌 꼬라지 다 보겄네. 아이고 올 아침에 빌 꼬라지 두 번이나 보네. 재재수 옴 옴 붙었다

머라꼬? 너 아재보고 재수라 캤나?

말이 났응께 말이지 아재가 아침부터 재수 없는 소리 해쌍께 낸들 좋은 말 나오것소

오짜다가 우리가 이리 삐끌어졌노? 그래 개가 어째 됐다꼬?

황구랑 백구랑 쌍나발을 불어서 놀랬다꼬 안 캤는기요

니가 잘몬했네. 비끼서 갈 일이지

가들이 머 한다꼬요? 우리 오늘은 대화하지 맙시다. 와 자꾸 갈구고 그라요?

아침이슬 맞아 가미 몰래 연애하는데 니가 방해꾼이여. 안 그래? 너보담 낫네. 너는 이때끔 애인도 없는데 가들 본 좀 받아가 분발해라

아재 지끔 나보고 개 따라 하란 말이요?

그람, 개만도 못한 놈 할래?

아재, 사람 너무 무시하는 거 아이라요. 온제부텀 아재는 그리 잘났는기요?

저 저 내가 참 너한테 할 소리는 아이다만 조만간 아

가씨 하나 붙이 주께 됐나?

정말인기요 아재? 그런데 그기 와~ 할 소리 아인기요? 참 어이 상실이다

말꼬리 잡고 늘어지지 마라. 너야말로 어이 상실이다. 다 배필이 있겄지

옛날 어른들이 배필은 하늘이 점지해 준다꼬 그카데예. 그기 맞는기요?

그럴수도 있겠지만 노력은 해 보는 기 좋겠지

그라마 기다리고 있으께요

Let it be!

문자 쓰고 있네. 유식은 개가 물어갔고마

야가 올 안 묵을 걸 묵었나…!!! 자꾸 짖네 그랴

관습에 도전

야 친구야 요새겉이 살기 힘든 시대가 있더나?

그기 뭔~ 소리여? 느닷없이

살기 힘들다꼬~ 몬 알아 묵겠나?

하루 이틀 된 기 아인데 새삼스럽게스리

요새 더 힘들다. 물가는 널찌마 카이 천정부지로 치솟제, 우리도 환갑이 다 넘었는데 집에 노인은 기저구 차고 누웠제 감당이 불감당이다

그래 뒤치다꺼리하다 보마 우리도 갈 날 머잖았다

참~ 인생 씁쓸하다

그케쌌지 마라, 마 서민들이 다 그렇지 오짜것노?

오짜나 마나 답답하이 안 카나?

이해는 된다마는 도와주지도 몬 하고 나도 답답네. 너거 요새 말로다가 욜로족YOLO이라꼬 들어봤제?

그거는 또 뭔~ 소리고

욜로족이 뭔고 하니 한 번뿌인 인생 최대한으로다가 오늘을 즐기자는 기다

그거 젊은 아~들이 하는 거 아이가?

우리라고 뭐 하지 말라는 법 있나? 지금이라도 안 늦

다. 홀치 쥐고 너무 애끼지 마라. 남기놔 봐야 자슥들만 좋은 일 시킨다. 가고 잡은 데 가고, 묵고 접은 거 묵고 그래라

그기 욜로족이가?

그래 이 머시마야, 살아봉께 인생 토까이 꼬랑데이만 하더라 카이

글쎄, 젊은 아~들 이야기 들어봉께 소비 없는 날도 맹글데

그걸 오째 맹그노?

하루 종일 한 푼도 안 쓰고 버티는 도전이라 카데

쫌 구체적으로다가 일러 봐라

식사 약속하지 말고, 생필품은 꼭 필요한 것만 사고, 음식은 냉장고 털어서 묵고 말 그대로 안 쓰는 기지 뭐

그라마 돈 모이겠네. 그래, 모았다가 뭐 할랑고? 아까는 쓰라카디만?

목돈 되마 여행하고 맛있는 거 사 묵고 그기 욜로족 아이가?

그런기가? 그나저나 은행에서 예금이자라도 올리준

께 월급재이들은 저금할 재미는 나겠네

그래 그 재미라도 있어야지. 젊을 때 쬐끔이라도 저축을 해야지

치솟는 물가를 월급이 감당하겠나?

그렇께 안 쓰고 버틴다 안 카나? 월급 탈탈 털어 십 년 동안 한 푼도 안 쓰고 모아야 서울에서 집 한 채 산다 카는데 엄두나 나겄나?

그래서 지금 즐기자꼬 카는구마

온제 오째 될지 모른께 머리 아푸다 아이가?

그래, 사는 데는 정답이 없는 기지. 이 말도 맞고 저 말도 맞고 다 맞다

차암~, 능청은? 황희정승 오셨소 그려…

꿈은 꾸는 자에게 있소

아이고야, 글 배운 께 덜 답답네. 까만 거는 글씨 흰 거는 종우더만 요런 세상도 있구마

할매, 잘 계십니까, 요새 글 배우로 댕기요?

그래, 순동이가? 요새는 와 그리 안 보이노?

재밌습디까?

있다마다. 영감이랑 손잡고 안 가나? 갤석 안 할라꼬 정신 바짝 채리고 산다

박수를 보내요. 참 잘 했심더

그래, 까막눈이 글자 좀 보인께 얼매나 좋던지 진작 몬 배와 한이 지서 인자 증손자꺼정 다 본 마당에 핵교 가니 진짜 살맛 나네. 오데 요런 세상이 있노 말이다

할매 글 배와 인자 시도 쓰고 소설도 쓰고 그라이소

안 그래도 졸업 때 유행가 안 있나, 가사 바까치기 해서 써내라 카더라

오째 쓸랑기요? 읊어 보이소 마

쉿! 비밀, 그걸 벌써 갈차주마 되나? 어젯밤에는 하도 잠이 안 와가 내가 글 썼다 아이가

봅시다 오째 썼는고?

바라 여게 있다. '지발 너무 삽작케 담배꽁초 내뻴지 마소' 읽어봐라

와따, 할매 와따네 진짜! 집 앞에 담배꽁초 던지 놓던 기요?

맨날 밥 묵고 빗자리 들고 씰어도 또 보마 있고 그래서 글 배운 참에 이래 써놨다 대문짝에 붙일라꼬…

그라마 할매, 인자 대문도 이쁜 걸로 다가 색칠도 좀 하고 그라소. 대문이 우중충하니 빈 집인 줄 알고 꽁초도 던지고 그라지. 울 조카 그림 잘 그리는데 멋진 그림 그리라 카까요?

색칠하라꼬, 그라마 돈 들 낀데…

아이고 할매, 꼬불치 놓은 돈 있자뉴?

니가 내 개줌치 사정을 오떻게 아노?

안 봐도 비디오다. 흐흐흐, 너무 홀치 쥐고 있지 말고 좀 푸소 마, 보는 사람 눈이 즐겁겠구만, 그림 걱정일랑 붙들어 매소. 아~ 까자 값이나 쫌 주마 돼요

그라까, 말 난 짐에 뺑끼칠도 하고 그림도 그리고 일 거양득이네

할매, 그런 말은 또 우째 아는 기요?

일거양득 말이가? 쓸 줄 몰라 그렇지 옛날부터 알고 있었다. 내가 이래도 일자무식은 아인께

누가 우리 할매를 무식자 취급한다꼬?

우리 할아부지가 학자 아이가? 그때는 가시나 공부나 시켰나? 그저 아들아들… 어깨너머로 눈동냥 귀동냥 한 거 아이가?

세상일은 어무이들이 다 하는데 큰소리는 아부지들이 다 치고, 바깥일 몬 하고로 꽁꽁 묶어놓고 차암~ 그런 노무 세상이 있었는지 원

그렇제 내가 젊을 때 똑디 했으마 지끔 이 자리에 있겠나. 벌써 서울로 튀었제

할매, 공부하이 삽작케 글도 쓰고 최고라요. 열심히 해 보시이소

그래 마, 오늘 할 일을 내일로 미루마 안 되것제?

하모하모

언니야, 일할 데 없나 캐 쌌디마는 오째 됐노?

고민해 쌌다가 요양보호사 자격증 땄다 아이가

그라마 취직했나?

했다. 넘치나는 기 요양보호사라 카디 일 할 사람은 모지라는 가비라. 노인네 비위 맞추기도 그렇고, 다짜고짜 일들을 시키싸니 쫌 거시기 한 갑더라

언니 가는 데는 오때?

독거 할매 집인데 치매가 있어가~ 왔다 갔다 해

언니 너 몸도 성치 않은데 오짤라꼬 카노?

그렇제? 할매가 하루는 안방 서랍장에 꼬불치 논 돈이 없어짔다꼬 나 보고 빨리 안 가져오만 머리를 따갠다 안 카나?

그래가 오째 됐노?

할매가 애비솔쪽 해 가지고 어띠 막심을 써든지 몬 이긴다. 내가 오늘 지뜯기서 머리털 다 빠지는 줄 알았다 아이가

옴메, 그러키나?

말도 마라. 이 짓도 해 묵을 짓이 아이다. 봉사 겸 시

간도 보낼 겸 용돈도 벌고 그랄라꼬 시작했디만 역시나 남의 돈 벌기가 쉬운 기 아이네

아이고 파이다 언니야, 사과밭에 가는 기 낫다. 그게 가마 웃고 떠들고 이야기 하고 시간 가는 줄 모른다

이기고 저기고 언서시럽다. 나도 늙을 끼지만…

글씨, 우리 나이에 산전수전 공중전까지 다 안 겪었나 언니야?

긍께 말이라, 오떤 어르신은 파출부 취급한다

그거는 또 무신 말이고?

집에 가마 기다렸다는 듯이 온갖 빨랫감 다 쌓아놓고 빨아라 칸다. 집 대청소를 하라꼬 하질 않나 쯔쯔

그라마 말을 하만 되지. 그것까지는 아이라꼬

자슥들 오마 엉뚱한 소리 실실 한다. 그라마 전후 사정 다 빼놓고 나만 나쁜 년 된다. 첨에는 해야 되는가 싶어서 했는데 인자는 알아봤다 아이가…

그랑께 머라케?

그 할매가 쓰는 방 청소하고, 음식, 일상생활 보조 요런 것만 하믄 되는데 말이 많다 쪼매

우리 언니 다 늙겠네. 치와 뿌리라 케도

들어간 지 얼매나 됐다꼬, 하는데 꺼정 해 봐야지

할매 요리하기는 안 쉽나? 살살 꼬드기 봐라 마

모르는 소리 마라. 여시다 백여시, 요새 촌에 할매들이 더 무섭다. 들깨 농사짓는 할매 이야기 들어 봤나?

몰라, 머라카디?

창고에 가마 수입 들깨 포대가 천지 삐까리라케

그기 무신 소리고?

그거랑 농사지은 거랑 섞어서 팔아묵는다 카더라. 그 놈의 돈이 웬수여. 다 돈땜에 일어나는 일 아잉가

능청스럽다. 어째 그런 일을? 손바닥으로 하늘을 가리지

돈 세상 아이가?

돈? 모두 돈다꼬?

머니머니 해도 money가 최고라 안 카더나…

니 말이 꼬재이다

비도 비도 징글맞게도 온다. 뭣이든지 넘치믄 모자람만 못하니라

야가 뭐라꼬 혼자서 궁시렁거리노?

어, 희야 왔나? 요새 비멍 때리고 혼잣말하는 기 버릇이 되뿌릿다. 비가 어지가이 와야지

누가 보마 치매 걸린 줄 알것다 야

걱정들 붙들어 매시오. 아직은 아이요

아이라, 치매도 나이가 없더라. 나이가 들마 뇌신경도 늙고 그래서 치매가 오는 줄 알았디만, 젊은 사람들도 더러 걸리더라. 안 그래도 젊은 인구는 줄어드는데 말이지…

밤잠 설치마 치매 오는가?

그럴 가능성도 있지, 수면이 부족하니 기능이 떨어지고 면역력도 떨어진다 카던데

그건 맞는 거 같애. 그래 되니 소화기관도 안 좋고 기력도 없고 집중도 안 되고 여러 가지로 안 좋으니 치매 예방에도 불리하것지?

난 머리마 땅에 붙으마 코 곤다 아이가

그것도 복이요. 오복 중에 하나라꼬 그카제

야 맞다, 잠 부족이 알츠하이머 치매 주범이라케. 내가 인간극장인가 그게서 봤다

참~ 우울하다. 잠 하나 마음대로 몬 하니 뭘 마음대로 하겄노?

그래도 너무 비관하지 마라. 같이 슬퍼진다. 우리 인생 고개 인자 반튼 찌깨 넘어서 내달린다. 좀 헤깝게 살자. 그런 의미에서 막걸리 한잔할래?

술도 인자 안 넘어간다. 벌대로 벌컥벌컥 마시다가 속 빙 났지만…

아이고 울 친구 한창 때 다 지내갔구만

고개 반튼 찌깨 넘었다미, 그라마 한창 때 지난 거지 뭘 새삼스럽게시리

그러게 말이다. 우리 날씨 깨마 대봉산 모노레일이나 타로 가자. 씬~하니 좋더라

그게가 오데고?

함양 병곡 아이가, 해발 이천 미터가 넘는다. 깔딱고개 넘어갈 때는 경사가 심해서 감풀다 하지만 내려가는

스릴도 즐기고 쉰나…

이웃동넨데 나는 몰랐다

내일이고 모레고 정해진 것도 없는 기고 바람 불마 바람 쐬고 눈 오마 눈 구경하고 비 오마 비멍 때리고 햇빛 나마 빨래 널고 환경 거스르지 말고 즐겁기 살마 된다

니 말이 꼬재이다

꼬재이? 그거 진짜 오랜만에 듣는 말이다. 하하하

그때는 꼬장카리라꼬 안 캤나?

그것도 맞다. 꼬재이고 꼬장카리고 간에 우리 지역 사투리도 보존을 하마 좋을 낀데

보존해서 머할라꼬?

머 하기는 문화재 보존하듯이 해야지, 언어도 인류가 살아온 발자취 아이가? 전부 표준말만 쓰마 무신 재미?

맞다, 옛날 젊을 때는 서울 가서 지하철 속에서 사투리 쓰마 다 쳐다볼까 봐 말을 안 했는데 요즘은 그런 거 없다. 그것도 세월인지 그냥 그대로 써 뿌린다

그렇제? 사투리도 인자 마이 순화해서 쓰긴 하지만, 그래도 정겨운 말투 아이가…

돈 향기 나네

야, 식아 날도 더븐데 만다꼬 불을 피우고 캐쌌노?

얼라들이 숯불 피우고 싶다 캐가 안 피왔는기요

가들도 참, 이러키 찌는 판에 사람 직이네

그랑께 말이라요. 그래도 자들이 원한께 불 피와가~꾸 묵어 보입시더. 해 넘어가마 쫌 낫겠지 뭐

해만 들어간다 뿌이지 덥기는 매한가지다. 니 집 얼라들이고?

우리 옆집 얼라들 아인기요? 자들이 방학이라꼬 외가집에 와 가꼬 분탕질을 직인께 식이 아재한테 놀로 가라꼬 후찼는게비요(쫓아내)

손자들 보는 재미도 있다마는 웅가이 덥어야 말이지… 그나저나 단술 담아 놨는데 자들 한 잔씩 주라. 마시고로

울 어무이는 최고라, 단술은 또 온제 맹글라가지고? 흐흐, 야들아 이리 오이라. 맛있는 거 주께…

아나, 묵어라 단술은 살얼음이 살짝 얼어야 맛있다

살얼음은 이럴 때 써야 하는디?

와? 그람 오떨 때 쓰노?

아~ 아이라요, 요새 살얼음판이 따로 엄써요

오데 말이고? 여름에 살얼음이 오데 있다꼬?

동네 난리 벅구통이요, 동네 돈이 많응께 그런가 노상 싸우고 이장 서로 할라꼬 눈이 뻘거이 설친다 아이요

누가 아이라 카나, 이장하마 그 돈이 다 지끼가, 와 그리 싸운다 카노?

니가 이장 해뿌리라

아이고 배야 누가 시키 준다꼬, 시키 주도 그런 거는 안 할라요. 내 돈 쓰고 내가 똥 싸는데 누가 머라 칼 끼고 안 그렇소 어무이

그기 배짱은 핀타. 남이사 전봇대로 이빨을 쑤시든가 말든가

어무이, 그렁께 운동 살살 하고 건강 지키야 돼요. 인생은 맨날 인자 시작이라 안 카디요?

그래, 운동 맨날 안 하나? 어제도 창포원 가서 걷고 왔구만~

아이고~ 거까지 갔던 기요?

그래, 모이서 놀다가 구경시키 준다꼬 가자 케서 안

갔나

어무이, 창포원 겉은 습지가 있어야 뜨겁기 달아오르는 지구도 식히고 생태계가 잘 굴러간다 아이요

생태계가 오째 됐다꼬?

아니, 습지가 중요하다꼬요

습지가 머꼬?

또랑이고 논이고 저수지고 장거등(항상) 물기가 안 마르는 데는 다 습지 아인기요

그라마 습지가 수두룩 빽빽한데 창포원은 와 들믹이노?

창포원은 인공으로 만든 거 아인기요? 그랑께 꽃도 있고 연도 있고 나무도 있고 놀기도 좋구로 해 놓은 데 아인기요

그런기 인공습지라 카는 기가?

어무이 똑띠네. 맨들라서 사람들 구경도 하고 와서 우리 지역에 돈도 좀 풀고 가만 좋은 거 아인기요

그래 되나? 나는 거게까지는 모른다

인자 알만 좋으네. 습지가 잘 보존돼야 인간도 살기

가 좋은 기라요. 쌀도 나지요, 해산물도 나지요

그런 기가? 에미가 다 몬 알아 묵것다

가축들 배설물 다 그냥 방출하마 안 돼요

거시기네는 또랑으로 다 빼낸다 카던데?

큰일나요, 배출시설을 갖춰서 해야지 저거 집 아이마 된다꼬 그냥 막 흘리보내고 버리고 한께 바다니 강이니 오염이 돼 갖고 습지에 사는 생명들이 다 죽고 난리지

아이고, 우리는 거게까지는 몰랐다

돈 땜새 미치서 안 그렇소

그노무 돈이 사람 살리고 직이고 안 하나? 담장너머 똥파리가 끓어도 돈내음이마 나만 그만 아이가…

정답 없는 세상사

핵아, 올해는 추석에 돈 좀 벌었제 사과 값이 비싸서?

벌었지, 인자 심이 들어서 혼자서 사부재기할 수 있는 것도 아이고~

머 어떻다 말이고?

벌기는 했는데 인건비도 마이 올라서 지출이 많다. 본전치기 보담은 낫지만

그래도 이눔아야, 손해 보다는 좋은 거 아이가?

좋기 생각하마 그런데 마, 요새 일꾼 좀 쓸라 카마 심이 든다

일할 사람이 없는가베?

농가가 전부 한꺼번에 일을 한께로 일꾼 구하기도 애럽다

인자 과수원에도 외국인들이 마이 온다미, 오만 일은 잘 하나?

꾀 안 부리고 일은 잘 하는데, 거시기 시간을 얼매나 잘 지키는지…

그런데 와?

요새는 여척 엄따

그기 무신 말이고?

칼퇴근 인정사정 엄써요

그래, 사는 기 예전만 몬 하다. 인정으로 따지만 그렇고 오째 생각하만 돈이 걸린 문젠께 그런가 싶기도 하고, 오쨌든 야박하다 말이제?

돈이 사람 맹근다. 그눔의 돈이 인생의 전부인 양

그래, 옛날 꼰날에는 인정이 먼저고 내 일 겉이 걱정을 하고 했는데… 직장인들도 연장근무 하마 시간외 근무수당 받고 안 그렇나

세상이 그렇다는 얘기지…

그래 돈도 중요하지만, 하루 종일 직장에 매여 스트레스 받고 하마 돈도 싫다카더라. 거시기 워라밸인가 그걸 찾는다꼬 칼퇴근 하더라

그렇기는 해. 젊은이들은 직장 구할 때 그걸 중요시하는 회사를 찾는다나?

직장 생활하마 스트레스도 받을 끼고 나름대로 의미있는 시간도 필요하지

참, 딜레마다. 돈 세상이믄서도 돈 준다 케도 더 하기

싫다 카고…

자기계발도 하고 즐기고 해야 또 일을 도모 하고 할 거 아이가. 그기 영혼을 맑히는 영양제 아이가?

인자 양파 숭구는데도(심는데) 능률 올릴라 카마 돈내기 한다 카더라

아! 그래? 꼬지 묵는다 카는 거 말이제?

사람마다 일하는 속도라든가 개인차가 있으이께네 손이 빠른 사람은 같은 돈 받으마 억울한 생각 안 들겠나?

일리가 있다. 역지사지라꼬…

하지만, 개인차는 오데 가도 있다. 오떤 조직이든간에 5%가 끌고 간다꼬 안 카디?

그래, 오쨋든 현대사회에서 능률 올리는 사람이 마이 가지가는 기 맞는 거 아닌가?

세상사 다 천차만별이다. 아니 행식이 딸 안 있나 가도 1인 기업인데 죽기 살기로 하고 접다 카이 말리지도 몬 하고 냅뒀다 아이가

그래서 그거하고 이거하고 무신 상관인데?

머~ 능력이 있니 없니 카디마는 한 방 안 터짔나? 그랑께 그기 오데 있노 인자 노났다

그 봐라. 능력이라 카는 기 시대랑 맞물리야 된다

그렁께, 맨날 집에서 돈 가지가고 해 쌌디만 트렌드랑 딱~ 맞아 뿌린께 빵빵 터지는 소리 난다

그래 인생사 새옹지마 아이가?

누구는 머 골프가 인생이랑 똑같다꼬 그카디만~ 오늘 잘 된다꼬 맨날 잘 되는 거 아이라 카데

그케, 원래 고苦를 안고 태어나는 기 인생이라 캤다…

용 가는 데 구름 간다

언니야 장날인데 사람들이 사랑방에 마이 모있네. 갱기(경기)가 애로운께 그런가 장은 섰다마는 방구석에 모이가 입방애들이네

글씨, 날씨마 겨울답기 얼어 붙으마 되는데 뜻도 없는 갱기나 얼어붙고 참 난감하다

언니야 니가 머가 난감하노? 갱기 타지도 않으민서

야, 너도 참 속도 모르는 소리 해쌌네. 분위기가 그렇다꼬…

언니야, 우리 어무이는 있제, 장개이가 시리고 오금이 저리다꼬 날이 날마다 저칸다. 심줄이 늘어졌는가, 인대가 파열됐는가 원

아이고 난아, 구십 노인인데 성한 데가 있겄나? 기계도 이리 오래는 몬 쓸낀데…

그래 오죽하믄 카겄나? 입으로라도 내뱉어야 마음이 쪼깨 풀리겄지. 양기가 입으로 다 모인다. 몸은 부던하제 입치레 빼끼 더 하겄나

쪼깨 있어바라. 인자 날이 풀리마 또 들에 일하로 갈끼다. 죽니사니 캐싸도

호미 들고 낫 들고 들에 가마 아푼 기 싹 사라질랑가. 그카마 또 파스가 죽어난다

난데없이 파스는 와?

온데 쑤시고 아푸이 파스가 죽어 난다꼬

크크, 파스는 케토톱이 최고라 카더라. 마니아 안 있나

참, 오매 봉께 언니야 농담할 때가 아이다

떼어내기를 할 끼가 갈아 끼우기를 할끼가 이러지도 저러지도 몬 하고 어짜노? 농담이라도 해야지…

그렇기야 하다마는 팽생 일하던 몸이라 집에 놀마 좀 이 쑤시서…

난아, 웃자 웃어, 웃어서 행복하다꼬 그카더라

그랴~~ 언니야 웃기는 이야기해 주까

재밌는 기 있더나?

기가 차서 원~ 내가 있제, 작년에 쬐끔씩 나오는 연금 모아가 밍크로 된 길다란 옷을 하나 샀는데 그걸 안 입고 애끼놨다 아이가

그런데 그기 와?

하도 추버가~ 입어보까 싶어서 옷장을 뒤진께 없더란 말이지

잘 찾아봤나? 도둑맞은 거는 아이것지

그래가~ 찾다 찾다 안 돼서 주야 아부지한테 물어봤지

그래서 오째 됐노?

내 원~, 웃어야 되나 울어야 되나, 소 등거리에 떡~하니 덮어놨다 아이가. 이 애로운 시기에 외눈에 안질도 유분수지

크크크 참, 기가 차기는 하다. 그래가~ ?

빙신, 니 마누라가 소만도 몬하나? 팽생 일만 시키 묵고 인자는 짐승만도 몬한 대접 받으이 좋나? 카이 안 입는 줄 알고 그랬지 카민서 지도 얼척이 없는가 웃더라. 울화통이 터져서 조누무 인간 오째 조지꼬 그 생각 뿌이다

창시 터진다 하하하

언니 너는 웃음이 나오나 시방?

소가 신줏단지 아이가. 옛날 어릴 적에 엄마가 신줏

단지에 쌀 갈아 넣고 하는 거 봤제? 그렁께 소 키와서 팽생 묵고살고 자슥 공부시키고 잘 살았제

그거는 나도 인정하지만, 위로라꼬 하는 기 그거빼끼 안 되나. 열나 죽겠고만. 속상했겠네 그 소리 한 번이면 될 걸

아이구 동생아, 그리 됐나 속상했제. 당근 동생 핀이지 말해 머 하노 크크

언니 너도 참~~ 영혼 없는 소리 해 쌌네. 잠 한심 못 잤고만

난아, 사람이 다 좋을 수 있나. 그래도 주야 아부지는 사시장철 니빼끼 모르던구만…

사투리 시 읽기의 즐거움

표 성 흠 (시인· 작가)

사투리 시 읽기의 즐거움

표 성 흠 (시인· 작가)

영국의 낭만파 시인 윌리엄 워즈워스(1770~1850년)는 코커머스라는 조그만 도시에서 태어나 세계적인 시인이 되었다. 그가 한 유명한 말 중에 '시는 모름지기 자기 고장을 빛내는 언어'라야 한다는 금언이 있다. 이 말을 뒤집어 보면 시는 자기 고장의 말로써야 한다는 뜻이기도 하다. 자기 고장의 말을 빛내는 글이야말로 가장 자기다운 빛깔의 시를 만드는 개성이 될 수 있다는 이야기다. 자기 고장의 말이라면 서울 태생이 아니고서는 사투리가 된다. 따라서 시는 시인의 고향에서 샘솟아 흐르는 사투리 한 바가지를 길어 올려 마시게 하는 일과 같다. 물론 이 말 속의 언어에는 풍속과 문화가 포함된다. 자칫 잘 못 생각하면 지역주의를 떠올릴 수도 있지만 가와바타 야스나리의 『설국』이 노벨문학상을 받은 이유와 상통한다. 여기에서 '가장 지역적인 것이 가장 세계적'이라는 말이 파생돼 나온다.

자기 나라, 자기 고장의 언어를 통하여 시를 쓰는 일은 그 고장의 얼을 빛내는 일이다. 워즈워스는 또 이런 말도 했다. '시인은 누구나 자기 고장에 빚을 졌다'며 이 빚을 갚아야 한다고 했다. 무슨 뜻이냐 하면, 잔뼈가 굵은 고향산천이 자신을 길러주었다는 뜻이고 시인의 시는 의식의 저 밑바닥에 앙금처럼 갈앉아 있는 이 경험의 심연에서 솟아 나온다는 말이다. 이런 맥락에서 백인숙의 『나들가게』는 자기 빚을 갚는 일임이 분명하다. 시집 전편에 실린 작품들이 한결같이 '나들가게'로 설정된 공간을 들락거리는 사람들 이야기로 거창지방의 사투리로 엮어져 있다. 일부러 그렇게 썼다. 어떤 작가는 영어로 번역할 수 없는 문장은 안 쓴다고도 하였고 요즘은 인터넷상에 떠다니는 신조어들이 판을 친다. 이런 현실에 사전에도 안 나오는 사투리로 시를 쓴다는 것은 상당한 모험일 수도 있다. 그런데 그게 이 시집의 특성이요 개성이다. 이 작품들은 지역신문에 연재하고 있는 글들로 많은 독자로부터 재미지다는 호평을 받고 있고 고정 독자도 많다.

로봇이 글을 쓰고 책을 만드는 시대에 개성이 있으면 무얼 하며 독창적인 글쓰기를 하면 무슨 소용이 있을 것인가? 종이책 시대가 조용히 저물고 활자 매체가 눈 밖으로 밀려나고 있는 이 시대에 시나 시집을 읽을 사람이 과연 몇이나 될 것인가? 많은 사람이 반문하고 우려를 하고 있다. 그럼에도 불구하고 시를 쓰는 시인은 여전히 시를 쓰고 시집을 내는 시인들은 시집을 내고 있다. 왜일까? 그래도 재미있는 시가 있어서다. 아직까지 시 읽기의 재미를 버리지 않은 독자들이 있다는 이야기이다. 이들은 주석과 평설을 필요로 하는 어려운 시를 대신하는 쉬운 시를 선호한다. 시는 문학적 틀을 고집하여 사람을 번거롭게 할 게 아니라 쉽게 읽히며 희망을 주어야 한다. 일본의 백세 시인 시바타 도요의 「약해지지 마」 같은 시가 열풍을 불러일으킨 것도 시가 사람을 괴롭히는 게 아니라 희망을 주기 때문이다. 백인숙이 설정한 '나들가게'에서 벌어지는 사건들은 다분히 희망적인 것들이다. 다만 알아들을 수 없는 사투리들을 빼면… 그럼에도 불구하고 지역시인 -이런 용어는 부적절하겠지만 아직 문단에 시를 발표해 본 적이 없는, 지역신문과 문협 기관지 <거창문단>에만 글을 발표했을 뿐인 백면서생의- 백인숙의 시에 독자가 붙었다는 것은 이례적인 일이며 그의 시가 왜 매력적인가를 살펴봐야 한다.

안채 곁에 달아낸 허름한 건물
세 평도 안 되는 좁은 공간에
탁자 하나 의자 몇 개, 뒷방 한 칸
벽면엔 고무장갑이며 과자, 꽁치통조림, 잡화가 옹기종기
이른 오전
좁은 방 입구에는 벌써 신발이 서너 켤레
하루 중 어김없이 들락거리는 단골손님은
육십 평짜리 코아루 사는 홀아비
아침마다 등산을 하고는
꼭 그 가게 문지방을 넘는다
마음씨 좋고, 솜씨 좋아 보이는 쥔장 아지매
어서 오이소, 오늘은 날이 좀 춥지예
아이고 춥기는, 여기만 들어서믄 살살 녹는데…
막걸리 한 사발에 오뎅탕, 김치찌개
나라 살림살이며 동네 대소사 걱정까지
이야기꽃 속에 한나절이 무르익네

무쇠솥에 삶아놓은 고구마 몰래 덜어먹던 그때
사람 냄새가 물씬
정겨운 나들가게

–「정겨운 나들가게」 전문

나들가게의 공간이다. 이 세 평도 안 되는 공간에 수많은 인물이 등장하고 수많은 사건이 펼쳐진다. 오늘의 첫 등장인물은 육십 평짜리 코아루에 혼자 사는 홀아비다. 코아루는 거창 지역에서 가장 좋은 아파트 단지다, 여기에 육십 평 아파트를 가진 홀아비와 세 평짜리 홀을 가진 쥔장 아지매의 설정은 마치 어느 장편 소설의 서두를 보는 느낌이질 않은가. 이미 뒷방 입구에는 신발이 서너 켤레 놓여 있다. 이렇듯, 나들가게는 이곳을 드나드는 인간 군상들의 온갖 잡다한 스토리로 시작된다. 탄광 도시 태백시에 정선 카지노가 생겨 온갖 군상들이 모여들며 드라마틱한 소설들을 만들어냈다면, 그건 이해가 되지만 특별날 것도 없는 소도시 거창의 나들가게를 통하여 어떻게 시집 한 권을 묶어낼 것인가? 그것이 궁금할 수밖에 없다.

봄에게 밀려가는 추위가 억지를 내고 있나
동장군은 물러서기가 아쉬운가 보다
밭 뜰에 핀 과실수 꽃들은 늦은 한파에 제 구실을 할지 걱정이다
순동은 굴삭기로 어느 집 논배미를 합병하는 일을 하다 말고 새참 시간이라 가게로 와서 문을 벌컥 열었다
깜짝이야!

과수댁은 인기척 없이 문을 열어젖히는 순동이 버르장머리 없어 보였다

문 좀 살살 열지… 호래이를 잡아 묵었나? 원! 가자미 눈을 하고는 바라본다.

니 뭐 하다 오는 길이고?

논바닥에 일하다 오는 길 아잉기요. 내가 궁금은 하요?

마침 과수댁은 시래기국을 끓이던 참이었다. 속마음을 너스레로 감추며

거 앉아라 흠~, 봄답지 않게 날도 추운데 발길 잘했네. 어여 와서 따시게 한 그릇 묵고 가. 국이 맛있게 끓여졌네

순동은 국에다 밥을 한 술 놓아 후루룩 퍼 먹고는

아이고 잘 묵었소. 나도 이런 마누래 있으면 얼매나 좋겠노?

손을 털털 털면서 한마디 던지고는 낯부끄러운 듯 얼른 나가 버렸다

찌랄 내가 이 나이에 남정네 뒤치다꺼리하게 생겼나 꿈 깨라

과수댁은 전혀 마음 동하지 않은 척 구시렁댄다

그래 숫총각인지 장가는 한 번 들어야 할 낀데…

한편,

경로당에는 노인들이 둘러앉아 이야기꽃을 피운다
뒷집에 사는 명동댁은 아파서 병원에 가고
용동댁은 서울 아들네 집에 다니러 가고
본동댁은 며느리랑 한바탕했다네 하면서
에이고 나이 들면 노인이 좀 누그러져야지 며느리 이겨서 뭐 할라꼬
그래야 집구석이 편치…

-「시나브로 꽃 피우다」 전문

나들가게를 드나드는 주요 등장인물 중 하나인 순동의 등장이다. 내용으로 봐선 일용직 노동자에 홀로 사는 총각이다. 별난 설정도 아니다. 그런데 이들이 중심축이 된다. 이 둘의 관계를 엮어주는 대화들이 재미지다. 그리고 대화 투가 툭툭 끊어지고 무뚝뚝한 거창 사람들 특유의 화법이다. 시집 전편을 통하여 이런 식의 이야기들이 펼쳐진다. 여기에는 개별적 남녀상열지사는 물론이고, 정치 경제 사회 문화 체육 등 사회 전반에 걸친, 각 분야별 의도된 인물과 사건들이 구성돼 있다. 그 주제 또한 사랑과 미움 애정과 갈등 종교 철학 역사 등이 진설된다. 인물과 사건 또한 다양하다. 단편적인 시적 표현을 통한 장편 소설의 스토리텔링인 것이다. 이럴 때 서사구조는 소설적 구성을 통한 의도된 배열이 아니라 자유롭게 툭

툭 던져둠으로 독자들의 상상력을 넓히는 데 일조를 한다. 작은 도시의 지역사회상을 통한 세상 읽기다. 고발하면서도 고발문학도 아니고 계몽을 하면서도 계몽문학도 아니고, 있는 사실을 그대로 보여주는 듯하면서도 허구를 엮은, 반은 시 반은 소설이다. 이게 이 시집의 특성이다. 일일이 예문을 들지는 않겠다. 이 역시 시집을 읽어나가며 찾아내는 기쁨이 있을 것이기 때문이다. 그중 한 편의 편린을 들추어보면,

바람이 마이 찹다

겨울인데 그라마 찹지 따신가?

그래, 니 말도 맞다. 겨울인데 찹지 따시것나 아이고, 그런데 와 그케쌌노?

뭘 말이고?

와 끙끙 앓는 소리를 해싸?

아이고 나(나이) 든께로 안 그렇나?

나가 어떻다꼬 나 잡고 난리고?

너는 그라마 나 드는 것도 몬 느끼나? 느끼는데 모르드끼 하는 기가?

마, 이래 살다 나 더 들마 죽는 기지 별수 있것나? 그기 서글픈 기라. 나 들마 계획도 엄꼬 희망도 가지만 안 되는가 싶어가… 노화 이꼴 죽음, 이거 성립하나?

에고 생각하마 끝도 엄따. 노화는 분명 죽음으로 가는 길은 맞는데 죽음만 바라보고 희망도 없으마 그건 또 머꼬? 산송장 아이가?

그케쌌지 마라 이 말 저 말 다 필요 엄따. 내일 지구의 종말이 온다 케도 오늘 한 그루의 사과나무를 심겠다꼬 누가 말했노? 오늘은 오늘일 뿌이다

야 삼연아, 너는 마 친구 간에 뭘 그리 씨버리 쌌노?

아야 왔나, 자가 하도 우울한 소리를 해 쌌길래 내가 일장연설하는 중이다

친구야, 가도 그럴 나이가 안 됐나 내비둬라

야들이 시방 나 갖고 노는 기가? 나는 마 내 몸 성하마 맨날 계획 세와 가미 살끼다

하모하모 그래야지, 누가 뭐라 카나?

-「찬 바람도 맞지 말자」 전문

오랜만에 만난 중년 여인들의 일상적인 수다다. 살 만큼 살아 인생을 통달한 것처럼 보이는 이들의 수다를 통하여 삶의 편린을 엿볼 수 있고 대리만족을 하며 카타르시스를 한다. 이 시집에는 어린아이부터 노인에 이르기까지 수많은 등장인물이 나오고 수많은 스토리가 전개 된다. 특별날 것 없는 보통 인물들의 일상적인 이야

기들이다. 일일이 예를 들자면 한이 없을 것이다. 그런데 이 특별날 것 없는 주변 이야기들의 기록이 재미있다. 굵직하고 중요한 사건들이 역사의 기록이라면 이 하잘것없는 하층의 이야기들이 시가 되고 문학이 된다. 이러한 삶의 애환을 담아 시로 남기는 작업이 이 시집의 중요 역할이다. 첫 시집은 모름지기 시인의 자기 참회나 기도의 성격을 담게 되지만 나들가게는 이렇듯 써 둔 낱개의 시를 모아내는 시집이 아니라 의도에 따라 집필된 일종의 밑바닥 인간 군상들의 문화를 비춰본 사회비판론적인 글들의 모음집이다. 이는 그간 온갖 사회봉사활동에 참여하는 시인의 행적과도 무관하지 않을 것이다. 나들가게라는 작은 공간을 통하여, 이곳을 드나드는 지역주민들의 삶의 행동반경을 관찰하고 사진 찍듯 찍어 시적 표현 -우화적 빗댐 은유와 해학-으로 전개시켜나가는 시인의 작업과정을 몇 년 동안 함께 지켜본 사람으로서 이 시집의 시들을 감상하는데 조금이라도 도움이 될까 하고 사족 하나를 덧붙이는 것이다.

『나들가게』는 우아한 문학적 작품은 아니다. 아름다움을 창조하는 예술적 관점에서 보는 시가 아니라는 이야기다, 그렇다고 현실을 비판하는 시도 아니다. 형식 면에서도 그렇다. 시도 산문도 아니다. 그러면서도 이 둘을 다 아우르고 있다. 사람이 살아가는 이야기라는 점에서,

어떻게 살아야 할 것인가라는 질문에 답하는 시로서, 그것도 정색하고 정답을 제시하는 게 아니라 우화적 형식의 우문우답을 통하여 느끼게 해주는 해학성이 있는 이야기 시, 일정 인물이나 사건에 따르는 서사시라고 부르기에는 또 다른, 개별적이면서도 전체적 현실을 반영하는 스토리가 있는 시로서 읽어볼 만한 재미가 있다는 것이다.